1258

28201

Romain

MÉMOIRE

POUR Demoiſelle GENEVIEVE GAILLARD, *femme ſéparée quant aux biens du Sieur* NICOLAS ROMAIN, *Officier Invalide, fille & héritiere légitimaire de* MARIE-ANNE REGNAUT, *veuve du Sieur* MARIE-FRANÇOIS VERON, *Banquier ;*

ET le Sieur FRANÇOIS LIEGARD DUJONQUAY, *Docteur ès Loix, petit-fils de ladite Dame* VERON, *& ſon Légataire univerſel, ayant repris en cette qualité les plaintes & accuſations intentées à la requéte de ladite Dame* VERON.

CONTRE *le Comte* DE MORANGIÉS, *Maréchal de Camp.*

LA dame Veron eſt morte âgée de quatre-vingt-huit ans, pendant le cours des plaidoieries de cette malheureuſe affaire ; & ſans doute les chagrins qu'elle dévoroit depuis ſix mois, ont accéleré le terme de ſa longue carriere. Prête à paroître devant le Juge ſuprême, ſon ame s'eſt recueillie pour participer aux avantages du plus ſaint de nos Myſtères, & pour conſigner dans un acte authentique ſes dernieres volontés ; elle y a diſpoſé de ſa fortune qui exiſte toute entiere aujourd'hui entre les mains du Comte de Morangiés ; elle y a confirmé ſolemnellement la vérité du prêt qu'elle lui a fait de 300000 livres, & recom-

¶ A

mandé très-expreſſément la pourſuite de cette affaire, pour obtenir des Magiſtrats la juſtice qui eſt due à ſa famille, & pour empêcher ſa ruine totale.

La dame Romain ſa fille, & le ſieur Dujonquay ſon petit-fils, ont repris en ſon lieu & place les accuſations par elle intentées contre le Comte de Morangiés.

Ces accuſations préſentent les points les plus importans à juger, tant pour le fond que pour l'ordre de la procédure.

1°. Le Comte de Morangiés dépouillé de ſes biens par le contrat d'abandon qu'il en a fait à ſes créanciers en 1768, & obligé d'obtenir au mois d'Août 1771, un Arrêt de ſurſéance pour ſe ſouſtraire aux contraintes par corps, a-t-il abuſé de l'aſcendant que ſon âge & ſon rang lui donnoient ſur un jeune homme de vingt-cinq ans ſans expérience, arrivé depuis peu de la Province où il avoit été élevé, pour ſe faire prêter par lui ſur ſes ſimples billets une ſomme de 300000 livres appartenante à la dame Veron ſa grand'mere?

2°. Pour ſe ſouſtraire aux créances réſultantes de ſes propres engagemens, le Comte de Morangiés a-t-il eu l'indigne barbarie d'employer la voie de la ſurpriſe & des mauvais traitemens par le miniſtère d'agens ſubalternes, pour arracher de la dame Romain & de ſon fils des déclarations contraires à la vérité du prêt?

3°. Non content de ces délits, eſt-il coupable encore d'avoir machiné la perte des enfans de la dame Veron, en les accuſant de lui avoir eſcroqué pour plus de 300000 livres de billets ſignés de lui, en les précipitant dans les horreurs de la priſon, & en provoquant contre eux des condamnations afflictives & infamantes?

4°. Enfin, la nature de ces accuſations & la néceſſité de punir le coupable quel qu'il ſoit, exigeant une inſtruction rigoureuſe par récolement & confrontation , à la requête de qui cette inftruction doit-elle être faite ?

Des imputations auffi graves ont dû paroître révoltantes fans doute au premier coup-d'œil. Le brave militaire jaloux de fon honneur , s'indigne de voir un de fes chefs foupçonné feulement de cet odieux complot ; plufieurs hommes qualifiés dans le cours des plaidoi-cries , ont fait éclater la prévention favorable dont ils étoient animés pour le Comte de Morangiés , il a dû leur paroître innocent jufqu'au moment de la conviction ; cette perfuafion eft celle des grandes ames ; elles réfiftent à l'idée de crimes qui les révoltent , fur - tout de la part d'un citoyen que fa naiffance & fon rang fembloient en garantir.

Le Jurifconfulte qui penfe comme la Loi ; le Philofophe qui a la connoiffance du cœur humain ; le Magiftrat qui réunit les qualités & les lumieres de l'un & de l'autre, font moins précipités dans leurs Jugemens ; ils interrogent les mœurs du fiècle , les âges des perfonnes, leur conduite & leurs rapports ; ils fçavent que fi l'honneur eft le premier mobile de la nobleffe antique , c'eft dans les conditions médiocres où l'on vit fans befoins & fans ambition, que la vertu modefte fe plaît fouvent à chercher un afyle.

Il faut donc commencer par rendre compte des faits qui ont amené l'infortune de la famille Veron : ces détails feront pénibles, pour nous fur-tout qui refpeétons cette nobleffe militaire, qu'on nous a fauffement accufé d'avoir calomniée : Il nous en coûte pour inculper un homme de qualité appartenant à des maifons illuftres ; aurions-nous pu jamais nous y déterminer, fi nous n'éprouvions pour prix de cet effort, ce plaifir fi touchant & fi pur de fecourir des malheureux de l'innocence defquels nous nous fommes pleinement convaincus par toutes les précautions que peut employer la prudence!

De tous les faits que nous allons préfenter ici, les uns font confignés dans les plaintes rendues par la dame Veron dans les interrogatoires fubis par la dame Romain & le fieur Dujonquay ; les autres doivent être établis par l'information que la dame Veron a fait faire ; d'autres font juftifiés par des piéces : il en eft enfin fur lefquels la dame Veron a demandé qu'il foit informé par addition.

F A I T.

Quelques hommes brillans du fiècle fe font demandés d'abord, comment une femme vivant à un troifiéme étage dans la médiocrité, a pu être en état de prêter une fomme auffi confidérable que 300000 livres ; & ils en ont tiré la conféquence que le prêt n'étoit pas préfumable.

D'autres au contraire, ont penfé qu'il n'étoit point du tout contre la vraifemblance, que la veuve d'un Banquier qui a toujours vécu dans la plus grande économie, ait pu avoir beaucoup d'or dans fon coffre, puifque bien des perfonnes qui nous éblouiffent par leur fafte communément n'en ont pas.

Nous ne fommes point obligés d'entrer dans le mérite de ces préfomptions contraires ; ce n'eft pas quand les titres paroiffent qu'on confulte les probabilités, & quand un citoyen rapporte une reconnoiffance de la fomme qu'il a fournie, foufcrite par un majeur qui déclare l'avoir reçue, perfonne n'eft recevable à lui demander comment il a fait un prêt, dont l'exiftence eft conftatée par l'acte même dans lequel il fe trouve configné.

Les enfans de la dame Veron ne font donc point tenus de dire ici d'où lui eft venu fon or. Ils le feront cependant avec d'autant plus de fincérité, que rien ne les oblige à le faire ; la dame Veron n'ayant pu prévoir les malheurs qu'elle a effuyé depuis, n'a point confervé de preuves de l'origine de fa fortune ;

& fi quelqu'un fufpecte cette origine, nous confentons qu'il retranche de notre défenfe tout ce que nous allons dire à cet égard ; parce qu'encore une fois, ce n'eft que par furabondance que nous voulons bien aller jufques-là.

Marie-Anne Regnaut a époufé en premieres noces le fieur Nicolas Gaillard, qui n'avoit qu'un patrimoine médiocre , & un Emploi dans les Fermes. De ce mariage eft née une fille unique , Genevieve-Françoife Gaillard.

Après la mort du fieur Gaillard , Marie - Anne Regnaut convola en fecondes noces avec le fieur Marie - François Veron. La fortune de ce dernier n'étoit pas encore avancée, lorfqu'il l'époufa ; mais le fieur Veron avoit de l'intelligence & de l'activité , il fit avec fuccès le commerce de la Banque (1).

En 1733 , n'ayant point d'enfans de fon mariage avec la demoifelle Regnaut , il maria la demoifelle Gaillard, fille du premier lit de fon époufe, au fieur Liegard Dujonquay , alors Secrétaire de M. le Guerchois , Confeiller d'Etat, & la dota, conjointement avec cette derniere, d'une fomme de 15000 liv. quoiqu'elle lui fût étrangere. Le contrat de mariage eft rapporté.

Le commerce du fieur Veron s'étendit bien-tôt de plus en plus , & il fe procura une exiftence conforme à l'aifance dont il jouiffoit. Il occupa à Paris pendant long-temps, rue Quincampoix, une maifon , très - décemment tenue , moyennant 1050 livres de loyer , ce qui étoit affez confidérable il y a quarante ans : il avoit une maifon de campagne à Belleville avec douze lits de Maîtres, & l'on étoit fervi chez lui en vaiffelle plate.

---

(1) Sa qualité de Banquier eft prouvée par une multitude d'actes.

Le sieur Veron étoit lié de la plus grande intimité avec le sieur Chotard, Caissier des Octrois des Fermes (1).

En 1739, le sieur Veron tomba malade. Au commencement de sa maladie il remit entre les mains de son ami la majeure partie de ses richesses, & beaucoup de vaisselle d'argent.

La femme d'un Banquier ne connoît point l'état de la caisse ; le sieur Veron ne communiqua point à son épouse ce qu'il jugeoit à propos de faire. Il mourut de cette maladie. On procéda ensuite à un inventaire, & il se trouva très-peu d'argent chez lui : les héritiers murmurerent, sans néanmoins oser suspecter la dame Veron, dont l'exacte honnêteté leur étoit connue.

Cette derniere avoit alors cinquante-six ans, ce n'étoit plus le temps des plaisirs frivoles, & son caractere avoit toujours été celui d'une femme essentielle & modeste. Réduite alors à des ressources assez modiques, elle quitta la maison de son mari, devenue trop grande pour elle : elle renvoya sa Femme de chambre & son Laquais, & alla se loger avec sa fille & son gendre, rue Saint Jacques, dans la maison du sieur Duchesne, Libraire.

Cinq ou six mois après que les affaires de la succession du sieur Veron furent terminées, le sieur Chotard vint trouver la dame Veron dans son nouveau domicile ; il lui dit que le sieur Veron, quelque temps avant sa mort, lui avoit fait donation, de la main à la main, d'une somme considérable & de beaucoup de vaisselle plate, & que comme il pouvoit

---

(1) Cette liaison est prouvée par la signature du sieur Chotard au contrat de mariage de la demoiselle Gaillard avec le sieur Dujonquay, & par plusieurs autres actes,

légitimement difpofer de ce qui lui avoit été donné, il croyoit n'en pouvoir pas faire un meilleur ufage, qu'en remettant entre fes mains les objets de fa libéralité, & qu'en conféquence il lui enverroit le lendemain la fomme de deux cens foixante mille livres en or, comme il l'avoit reçue, avec la vaiffelle plate (1).

Le fieur Chotard obferva à la dame Veron, que quoique ces objets lui parvinffent d'une maniere très-légitime, puifqu'elle les tenoit de fa libéralité, il ne lui confeilloit pas néanmoins de faire rien paroître de fes nouvelles reffources, pour ne point caufer d'ombrage aux héritiers de fon mari, & pour ne pas donner le plus leger prétexte à des recherches, qui, quoique mal fondées, font toujours défagréables.

En conféquence, la dame Veron, autant par ce motif que par fon goût, qui lui faifoit préférer la vie retirée, continua à vivre dans la même médiocrité : elle plaça les deux cens foixante mille livres qu'elle venoit de recevoir en or, entre les mains de Me Gillet, Notaire, qui avoit été très-lié avec fon mari, fur un billet de ce dernier, payable dans un an, l'intérêt y compris, & ce billet fe renouvelloit tous les ans. On voit aifément par-là, pourquoi il n'a pas exifté d'acte de dépôt de cette fomme, & pourquoi l'argent remis & le billet rendu il n'en eft point refté de traces dans l'Etude de Me Gillet.

La dame Veron vivoit ainfi, éloignée du tumulte du monde avec fa fille & fon gendre, homme né d'une famille honnête dans la Bourgeoifie, & qui avoit la confiance de plufieurs

---

(1) Il n'eft pas d'ufage de rédiger des actes devant Notaires pour des dons purement manuels de chofes mobilieres. Mais la vérité de ce don eft atteftée par la dame Veron elle-même dans le Teftament par elle fait le jour de fa mort, arrivée le 18 Mars 1772.

Seigneurs de la plus haute diſtinction. L'union de ces deux époux étoit heureuſe, & le ſpectacle perpétuel de ce bonheur faiſoit tout celui d'une mere vertueuſe & ſenſible. Ce bonheur s'accrut encore par la naiſſance de deux petits-enfans, dont le ſieur Dujonquay, Partie dans cette affaire, eſt l'aîné.

Celui-ci fut préſenté au Baptême, le 24 Janvier 1745, par le Comte de Chatelux, Colonel du Régiment d'Aunis, & par la dame de Chatelux, Vicomteſſe d'Avallon, actuellement vivante, & qui, dans cette occaſion, ſe firent un plaiſir de donner au pere des marques de l'eſtime & de l'amitié ſinguliere qu'ils avoient pour lui.

Cependant le ſieur Liegard Dujonquay ne jouit pas du plaiſir ſi pur pour un pere honnête, de voir élever ſa famille naiſſante : la mort l'enleva en l'année 1748. Sa veuve âgée alors d'environ vingt-ſix ans, donna des larmes ameres à la perte qu'elle avoit faite ; mais trop jeune encore pour préſerver ſon cœur d'un nouveau penchant, elle déſira de former d'autres nœuds. Il ne faut rien diſſimuler. Les convenances ordinaires furent ſacrifiées dans le goût qu'elle conçut pour un homme qui ne pouvoit lui offrir que beaucoup de tendreſſe ſans la moindre fortune. Cet homme fut le ſieur Romain, alors Sergent des Gardes Françoiſes. La dame Veron, qui ne le voyoit pas des mêmes yeux que ſa fille, s'oppoſa autant qu'elle put à ce mariage.

Mais la réſiſtance de la dame Veron ne fut que la réſiſtance d'une mere tendre vis-à-vis d'une fille unique, & le chagrin qu'elle en avoit elle-même reſſenti, ſe termina bientôt par le plaiſir de pardonner.

Elle conſentit donc à recevoir chez elle, à loger & à nourrir dans ſa maiſon le nouvel époux de ſa fille ; elle reconnut dans ſes procédés le caractere eſſentiel d'homme d'honneur,

mais

mais malheureusement un goût décidé pour le jeu.

Ce fut une raison de plus de la part de la dame Veron, pour s'observer dans sa dépense, & pour lui faire mystere de l'argent qui lui appartenoit. De ce second mariage de la dame Romain font nées deux filles, également élevées dans la maison de leur grand'mere, avec toutes les précautions que la décence & la tendresse exigent.

Voilà quelle a été la maniere d'exister de la dame Veron. Sa société depuis nombre d'années est réduite à sa fille, son gendre & quatre petits-enfans, dont la plus jeune a aujourd'hui quinze années.

Elle seule dans tous les temps a fourni à la dépense du ménage, & ce ménage composé de sept maîtres, suppose nécessairement un certain revenu. Or le revenu qui a fourni cette subsistance, est celui des deux cens soixante mille livres qu'elle avoit placé entre les mains de Me Gillet, Notaire, & qui lui produisoit intérêt. Nous défions notre Adversaire de rapporter la preuve d'autres ressources à la faveur desquelles ce ménage ait pu exister comme il a fait, sans jamais contracter aucunes dettes.

Tel étoit l'état des choses lorsque le sieur Romain, qui étoit de la Ville de Vitry-le-François, proposa en 1760 à la dame Veron d'y aller demeurer avec toute sa famille.

Cette derniere y consentit d'autant plus volontiers, que son gendre trouveroit dans la Province moins d'occasions de dissipations qu'à Paris, & que l'exiftence y étoit a bien meilleur compte.

La dame Veron allant à Vitry-le-François, désira d'emporter la somme qu'elle avoit entre les mains de Me Gillet, parce que si le séjour de la Province lui plaisoit, il étoit possible qu'elle y fît l'acquisition d'une Terre.

¶ B

Elle pria Me Gillet de lui rendre cette somme en or, comme plus tranſportable, ainſi qu'elle la lui avoit donnée, & Me Gillet ſe fit un plaiſir de la ſatisfaire.

Aux deux cens ſoixante mille livres que la dame Veron avoit en or, elle ajouta le montant de ſes épargnes ſur le produit de cette ſomme, ce qui lui forma plus de trois cens mille livres.

La dame Veron arrivée à Vitry-le-François avec toute ſa famille, y occupa une maiſon entiere & décente ; on étoit ſervi chez elle en vaiſſelle plate. Cent témoins pourront dépoſer de ce fait. Elle s'y attacha particulierement à l'éducation de ſes petits-enfans. Le ſieur Dujonquay ſon petit-fils, acheva, dans le Collége de cette ville, ſes études. Sorti de ſes claſſes à dix-ſept ans, elle lui donna différens Maîtres pour le deſſin, pour les armes, pour la muſique inſtrumentale & vocale. Ce genre d'éducation ne prouve pas, à beaucoup près, qu'il fût né ſans fortune.

Cependant le ſieur Dujonquay avoit contraété un goût très-vif pour la profeſſion militaire. Il écrivit à la dame Comteſſe de Chatelux ſa marraine, aétuellement vivante, pour la prier de lui procurer une place dans le Régiment de M. ſon fils ; mais ce dernier ayant répondu qu'il n'y avoit point alors de place vacante, le ſieur Dujonquay demanda une Lieutenance dans le Bataillon de la Province, & il l'obtint par préférence à pluſieurs autres concurrents (1).

Ce goût militaire cependant n'entroit pas dans les vues de la dame Veron ſa grand'mere, parce qu'elle en craignoit les dangers.

____

(1) Ce fait eſt prouvé, entr'autres, par une Lettre de M. Rouillé, Intendant, du 5 Janvier 1759.

Ce jeune homme étoit le seul enfant mâle parmi ses petits-enfans : il étoit l'aîné de tous ; il étoit devenu ce qu'elle avoit de plus cher au monde, & cette tendresse s'est encore accrue par les attentions & les égards qu'il a toujours eu pour elle.

Un jour qu'elle étoit seule avec lui, au commencement de l'année 1769, pour le dissuader de l'état qu'il vouloit prendre, elle lui dit, que son intention étoit de le revêtir d'une Charge honnête dans la Judicature ; & comme il avoit peine à croire que sa fortune pût le lui permettre, avec d'autant plus de raison qu'il avoit trois sœurs, elle lui fit alors confidence de la somme considérable qu'elle avoit en sa possession, & la lui fit voir, en lui disant à peu près en ces termes : *Voici l'or que je conserve avec soin, & qui m'est d'autant plus cher, qu'il me mettra à portée de vous former un établissement heureux.* Le jeune Dujonquay remercia sa grand'mere avec des transports de reconnoissance, & pour se rendre digne des bontés de sa bienfaitrice, il la pressa de revenir à Paris, dans l'intention d'y faire un nouveau cours d'étude qui le mît à portée de remplir ses vues.

La dame Veron se détermina donc à revenir en cette Capitale sur la fin de l'année 1769, avec toute sa famille.

Avant son départ, elle vendit tous ses meubles, soit parce que le transport en auroit été embarrassant & coûteux, soit parce qu'elle étoit bien aise de remplacer par les deniers qui proviendroient de cette vente, la somme qu'elle avoit été forcée de prendre pendant son séjour à Vitri sur les 300000 l. qu'elle y avoit apporté ; soit enfin parce qu'à Paris elle seroit à portée de se former un nouvel ameublement conformément à l'état que son fils pourroit y remplir.

Elle saisit l'occasion d'une Foire annuelle, où des Juifs se rendent à Vitri-le-François, pour y vendre fes diamans & les bijoux, objets moins précieux pour la vieilleffe, que l'or qu'elle fe plaît à accumuler.

Enfin, elle fe défit de fa vaiffelle plate qui étoit antique, le tout produifit une fomme affez confidérable, qu'on réalifa en or autant qu'il fut poffible, & cette fomme remplaça au-delà ce qui avoit été pris fur les 300000 liv. (1).

De retour à Paris, fur la fin de l'année 1769, la dame Veron, toujours économe, prit un appartement de 400 liv. chez le fieur Caquet, fauxbourg faint Antoine.

Mais le quartier & l'éloignement ne s'accordant pas avec les projets de la dame Veron & de fon petit-fils, ils délogerent au bout de fix mois & entrerent dans l'appartement qu'ils occupent encore aujourd'hui, rue faint Jacques, au troifiéme étage, appartement modique, à la vérité, & qu'on ne devoit habiter que jufqu'au moment où l'établiffement du fieur Dujonquay, dans une Charge honnête, exigeroit une location plus décente & plus commode.

Pendant ces entrefaites le fieur Dujonquay s'occupa, dès les premiers inftans, des moyens de fe rendre digne de l'établiffement auquel on le deftinoit ; il alla travailler chez Me Janel, Procureur au Châtelet, pour s'inftruire des premiers élémens de la procédure, & il fit fon Droit par bénéfice d'âge (2).

Il touchoit au moment de fe voir pourvu d'une Charge honnête ; mais les événemens publics furvenus alors, n'étant pas favorables à l'exécution de fes projets, il fallut prendre le parti d'attendre.

---

(1) Ces faits font confignés dans les interrogatoires, & fi la preuve en eft néceffaire, elle fera facile.

(2) Ses Lettres de *Baccalauréat* & de licence font rapportées.

Cependant l'or de la dame Veron étoit oisif, & son petit-fils vit bien qu'on seroit dans la nécessité de l'entamer pour vivre, si on ne l'employoit de maniere qu'il pût produire des intérêts; il observa à la dame Veron, qu'il étoit important de placer ses fonds pour quelque tems sans aliénation, afin de pouvoir les ravoir quand il se présenteroit des circonstances favorables pour former son établissement.

La dame Veron y consentit, & comme à son âge, qui étoit de quatre-vingt-sept à quatre-vingt-huit ans, elle ne sortoit presque plus de chez elle, qu'elle n'avoit plus de relations avec aucunes personnes de cette ville depuis les dix années de séjour qu'elle avoit fait à Vitri-le-François, elle chargea le sieur Dujonquay, son petit-fils, de lui trouver un bon emploi.

Que la tendresse d'une mere est confiante, & que l'homme est vain, sur-tout avant la maturité de la raison! Le jeune Dujonquay se croyoit en état de remplir une Charge, de juger peut-être les différends des Citoyens, & cependant avec les meilleures intentions du monde, il n'avoit point encore assez d'expérience pour conduire ses propres affaires, & celles de la dame Veron. Abandonné en quelque sorte à lui-même, il n'étoit lié qu'avec de jeunes gens qui, par la légéreté commune à leur âge, étoient plus propres à l'égarer qu'à le conduire.

Nous arrivons aux circonstances qui l'ont entraîné dans le piége.

La dame Veron, avant son départ pour Vitri-le-François, avoit demeuré dans la maison du sieur Duchesne, Libraire; la dame Duchesne avoit vu le sieur Dujonquay dès sa plus tendre enfance, & lui avoit témoigné de la bienveillance; de retour à Paris, il alloit voir de tems à autre la dame Duchesne, qui le recevoit toujours avec amitié, & l'emmenoit quelquefois à fa maifon de campagne à Saint-Mandé.

Il s'y trouva avec un fieur de Senneville, fils d'un militaire ; il reconnut à ce jeune homme beaucoup de goût pour l'exercice des armes, & ce goût qui leur étoit commun, les lia d'amitié enfemble.

Le fieur de Senneville demeuroit à Paris dans l'Hôtel garni de faint Pierre, rue Poupée ; le fieur Dujonquay l'alloit voir affez fouvent.

Un jour il lui demanda, s'il ne connoiffoit perfonne qui pût le mettre à portée de placer une fomme affez confidérable, appartenante à fa grand'mere.

Ce dernier lui répondit, qu'il connoiffoit deux femmes, l'une appellée la Charmet, demeurant dans le même hôtel fur le même palier que lui, qui faifoit le négoce de Courtiere, & l'autre, la femme Tourtera, Marchande à la toilette, rue des Boucheries.

Il paroît que le fieur de Senneville étoit en quelque relation avec cette femme ; il y conduifit le jeune Dujonquay.

Ce dernier lui demanda fi elle pouvoit, parmi fes connoiffances, lui faire placer folidement de gros fonds appartenans à la dame Veron, fa grand'mere.

Cette femme répondit ingénuement, qu'elle ne connoiffoit perfonne d'affez fûre pour lui faire prêter un argent confidérable ; mais que fi on vouloit lui prêter une fomme de 6000 liv. on lui feroit plaifir. Le fieur Dujonquay lui dit, qu'elle n'avoit qu'à fe donner la peine de voir la dame Veron.

Les chofes fe pafferent ainfi au mois de Juillet 1771.

La veuve Tourtera vint effectivement trouver la dame Veron ; la propofition qu'elle lui fit, de lui emprunter 6000 liv.

ne plût point à cette derniere; elle répondit, qu'elle ne vou-loit pas prêter pour si peu.

Enfin, la veuve Tourtera, à force de follicitations vis-à-vis du jeune Dujonquay, vint à bout, par la médiation de ce dernier, de vaincre la réfiftance de la dame Veron, en lui offrant de lui fournir un billet payable à volonté, & de lui rapporter les 6000 liv. auffi-tôt qu'elle auroit trouvé un emploi pour fes autres fonds, afin qu'elle pût placer le tout à la fois.

Ce fut le 2 Septembre 1771 que la dame Veron confentit enfin à ce prêt : elle ouvrit fon armoire & en tira un fac de 1000 louis, qu'elle remit à fon petit-fils, pour y prendre 200 louis, auxquels on joindroit un fac de 1200 liv. en argent, ce qui formeroit les deux mille écus, montant du prêt.

La veuve Tourtera vit, avec un air de curiofité, que ce fac étoit accompagné de beaucoup d'autres ; elle demanda permiffion de les tâter, elle s'apperçut aifément qu'ils étoient tous remplis d'or.

Cette curiofité augmenta le plaifir que la vieilleffe trouve communément dans une poffeffion pareille, & la dame Veron répéta plufieurs fois à la femme Tourtera : *Ce ne font pas là des jettons, au moins, il y en a pour 300000 liv.*

Les deux mille écus furent enfuite donnés à la femme Tourtera, qui en fit fon billet payable à volonté, & qui promit de rapporter la fomme auffi-tôt qu'on pourroit en avoir befoin, pour la placer avec les autres fonds. Voilà donc déja un témoin qui a vu l'or ; car cette femme ayant été entendue en dépofition, on ne peut pas préfumer qu'elle ait tenu un langage contraire à la vérité.

Cependant les vues de la dame Veron & de fon petit-fils n'étoient pas remplies. A la premiere vifite que le fieur Dujonquay fit au fieur de Senneville, après le prêt fait à la veuve Tourtera, ce dernier lui demanda comment il s'étoit arrangé avec cette femme, & fur ce qu'il lui dit, qu'il n'avoit été quef-tion que d'un prêt modique de 6000 liv. qu'elle devoit rap-porter lorfqu'on trouveroit à employer la totalité des fonds, le fieur de Senneville confeilla au jeune Dujonquay de voir la femme Charmet fa voifine, qui peut-être lui feroit trouver un bon emploi ; en conféquence il la conduifit chez elle.

Et c'eft ici la premiere caufe de fon infortune.

Cette femme étoit précifément la courtiere du Comte de Morangiés ; elle étoit chargée, comme il l'a dit lui-même dans fa dénonciation, de lui trouver de l'argent à emprunter, & il lui avoit promis une récompenfe capable d'échauffer fon zèle.

Cette femme adroite, prévenue par le fieur Dujonquay des 300000 liv. que la dame Veron avoit à placer, ne crut pas d'abord devoir lui propofer de prêter au Comte de Moran-giés une fomme auffi confidérable, dans la crainte que le jeune homme, occupé de l'importance de l'objet, ne fît des infor-mations férieufes fur la folvabilité du Comte de Morangiés & fur l'état de fes affaires.

Elle penfa que la maniere la plus fûre pour réuffir étoit de ne parler d'abord que d'un prêt modique de 6000 liv. tel que celui que la dame Veron avoit fait à la veuve Tourtera, & d'en annon-cer feulement un plus confidérable pour la fuite ; de mettre, à raifon de ce prêt modique, le fieur Dujonquay dans le cas de voir le Comte de Morangiés, & de mettre ce dernier à portée de l'éblouir par fa décoration, par fon fafte, par l'im-portance de fes projets, & par les avantages de fa protection.

Elle engagea le fieur Dujonquay à venir avec elle dès le lendemain chez le Comte de Morangiés ; c'eft un Seigneur

des

des plus aimables, lui dit-elle avec une forte d'enthousiasme; *il est rempli de probité, il en a tant & tant, que le sang qui coule dans mes veines, s'il étoit d'or, j'irois tout à l'heure le lui offrir.*

La singularité de cette expression l'a gravée dans la mémoire du sieur Dujonquay, il l'a consignée dans son interrogatoire.

C'étoit, au surplus, faire grand plaisir à ce jeune homme, que de lui proposer de le mettre en relation avec un Seigneur dont on lui faisoit un portrait aussi avantageux.

Le lendemain 6 Septembre, jour pris & donné par la Charmet, le sieur Dujonquay fut conduit, par elle sur les huit à neuf heures du matin, chez le Comte de Morangiés.

Mais cette femme monta d'abord seule, par le petit escalier, dans le cabinet du Comte de Morangiés, pour concerter apparemment avec lui le rôle qu'il avoit à jouer ; au bout de quelque tems on fit monter le jeune Dujonquay.

Il faut s'arrêter un instant ici, pour considérer la scene qui va se passer entre le Comte de Morangiés & le sieur Dujonquay, entre un Seigneur qui a fait l'abandon total de ses biens à ses créanciers en 1768, qui a un sauf-conduit dans sa poche, obtenu le 9 d'Août précédent, empruntant quelquefois sur gages, cherchant par-tout de l'argent dont il a le plus grand besoin, & un jeune homme de vingt-cinq ans, qui vient de la Province, & qui a 300000 livres à placer.

Qu'on se représente d'un côté un homme né dans le plus grand monde, accoutumé à y figurer sans cesse, doué d'un extérieur agréable & imposant tout à la fois, avec ce ton de confiance, ces propos insinuans, ces promesses faciles, si propres à flatter des inférieurs, à leur donner une plus haute opinion d'eux-mêmes, & à les rendre dupes de leur amour-propre, aux dépens même de leur fortune.

¶ C

Tels étoient les avantages du Comte de Morangiés vis-à-vis d'un jeune homme fans expérience, & qui ne portoit chez lui que cet efprit de naïveté & de franchife qu'il avoit puifé dans le fein de fa famille.

On n'a pas befoin d'obferver que le Comte de Morangiés l'accueillit avec beaucoup d'affabilité ; qu'au premier moment il chercha à l'élever jufqu'à lui, comme quelqu'un dont il paroiffoit vouloir faire fon ami, & que le jeune homme en fut très-fatisfait.

Il ne fut queftion d'abord que d'un prêt de deux mille écus, ainfi que cela avoit été convenu avec la femme Charmet.

Le fieur Dujonquay répondit, qu'il feroit très-flatté de pouvoir obliger un Seigneur tel que le Comte de Morangiés, mais que fa grand'mere ne fe foucieroit pas de prêter une fomme auffi modique, ayant des fonds beaucoup plus confidérables à placer.

Ce fut alors que le Comte de Morangiés, dans l'efpérance de déterminer le jeune homme à lui faire prêter par fa grand'mere tout ce qu'elle pouvoit avoir en fa poffeffion, joua parfaitement le rôle que lui diétoit fon intérêt.

Il fe garda bien de lui dire qu'il eut des dettes immenfes, que tous fes biens fuffent en direétion, & qu'il eut obtenu un fauf-conduit depuis peu de tems, dans la crainte qu'on n'attentât à fa liberté. Il fit au contraire au jeune homme, qu'il tenoit, en quelque forte, fous le charme, un magnifique étalage de fa fortune : fept millions de biens, une forêt à exploiter, dont la coupe devoit lui valoir quatre millions ; il ajouta qu'il avoit befoin de gros fonds pour faire cette exploitation ; que fans les 1200000 livres que Madame la Ducheffe de Mazarin avoit tirées tout récemment d'une caiffe, on lui eût aifément prêté fur les fonds de cette caiffe une fomme de 500,000

livres. Il finit par engager le jeune Dujonquay à lui faire prêter par fa grand'mere les 6000 livres dont il avoit befoin pour
le moment, & il lui fit promettre de revenir le lendemain. Le
fieur Dujonquay, avantageufement prévenu pour le Comte,
en parla à fa grand'mere comme d'un homme puiffant & ai-
mable, dont la protection pouvoit lui être utile, & qu'il défiroit beaucoup d'obliger en lui prêtant les 6000 livres dont il
avoit befoin pour le moment.

La dame Veron répondit qu'elle ne vouloit point morceler
fes fonds, & qu'elle fe repentoit d'avoir eu la complaifance de
prêter pareille fomme à la femme Tourtera.

Le fieur Dujonquay retourna le lendemain chez le Comte
de Morangiés, comme il l'avoit promis, & lui annonça que
fa grand'mere ne vouloit pas placer pour fi peu ; c'étoit le
point auquel le Comte de Morangiés s'étoit propofé de l'a-
mener.

Le Comte de Morangiés lui dit qu'il prendroit avec plaifir
les 300000 l. appartenantes à la dame Veron ; il affura même
au jeune Dujonquay une protection fignalée, s'il pouvoit lui
procurer cette fomme.

Le fieur Dujonquay étoit trop flatté des promeffes du
Comte de Morangiés, pour ne pas folliciter pour lui fa grand'-
mere, fur l'efprit de laquelle il avoit beaucoup d'afcendant.

La chaleur avec laquelle le jeune homme parla de ce Seigneur, & fa grande envie de l'obliger, furent, en quelque
forte, fufpectes à la dame Veron. Eh ! que ne s'eft-elle arrêtée
plus long-tems à cette idée ! Elle voulut que la dame Romain,
mere du jeune homme, allât avec lui chez ce Seigneur, avant
que de rien terminer.

La dame Romain y alla effectivement avec fon fils, mais la
protection promife à ce dernier, l'air de candeur qu'elle crut

voir dans la perfonne du Comte, & l'extérieur d'une opulence qui n'étoit rien moins que réelle, la féduifirent également.

La dame Veron, fur le nouveau récit qu'ils lui en firent, fe détermina à faire le prêt des 300000 livres, à raifon de fix pour cent, pour être rembourfées dans des tems dont on conviendroit, & donna pouvoir au jeune Dujonquay de terminer cette affaire.

Le fieur Dujonquay, plein de zèle, alla auffitôt chez le Comte de Morangiés, pour lui demander le jour, l'heure, & le Notaire qui recevroit fon obligation.

Le Notaire! cette formalité ne plut pas au Comte de Morangiés; mais il eut l'adreffe de ne le laiffer appercevoir que très-légérement.

Il prétendit que fi l'on employoit un Notaire dans cette affaire, il ne pourroit pas lui donner moins de vingt‑cinq louis, & qu'il aimoit mieux faire le cadeau de cette fomme au jeune Dujonquay pour lui aider à former fa bibliothéque.

La défaite étoit adroite; & cette efpéce de cadeau fut un nouveau voile que le Comte de Morangiés mit fur les yeux de Dujonquay (1).

D'après cela il fut arrêté que le Comte de Morangiés feroit des billets payables à des époques dont on conviendroit, & dans lefquels on comprendroit les intérêts à fix pour cent.

Le fieur Dujonquay préfenta au Comte de Morangiés différens tableaux de cette opération, qui ne différoient que par le nombre des billets & par les époques des payemens.

Enfin le 20 Septembre, le Comte de Morangiés fe détermina pour le projet qui a fervi de bafe aux quatre billets qui

---

(1) Il eft queftion de ces vingt-cinq louis dans une lettre écrite par la Charmet au Comte de Morangiés le 26 Septembre, & que celui-ci a joint au Procès.

font l'objet du Procès, & dont il fera queftion dans un moment.

Le Comte de Morangiés obferva au jeune Dujonquay qu'il défiroit que la chofe fe paffât fecrétement ; qu'on n'étoit pas toujours fûr des gens dont on étoit entouré ; qu'il ne pourroit fe défendre de quelque inquiétude , fi l'on fçavoit qu'il eût chez lui une fomme auffi confidérable que celle de 300000 livres , & que d'ailleurs il n'avoit pas befoin qu'on fût inftruit de ce qu'il jugeoit à propos de faire , parce qu'il ne devoit compte de fa conduite à perfonne.

Un homme qui auroit vécu à l'école de l'expérience , qui auroit eu le tems d'apprendre , foit à fes dépens , foit à ceux des fiens , de combien de détours la fraude s'enveloppe , pour ne montrer que les apparences de la bonne foi , auroit conçu fans doute quelque défiance , d'après les précautions que le Comte de Morangiés défiroit que l'on prît , pour que le prêt demeurât fecret.

Mais loin de-là , le jeune homme fut charmé de cette ouverture , parce qu'elle lui fourniffoit une nouvelle occafion d'obliger le Comte de Morangiés. *Rien n'eft plus facile* , lui dit-il, *que d'entrer chez vous les 300000 livres fans qu'on s'en apperçoive ; heureufement ma grand'mere a la fomme en or , à peu de chofe près , & je puis vous apporter aifément mille louis par voyage.*

Le Comte de Morangiés parut fenfible à la peine qu'il vouloit bien prendre , & les démonftrations adroites de cette fenfibilité furent un nouveau titre pour engager le fieur Dujonquay à remplir fa promeffe.

Les chofes fe paffoient ainfi le 20 Septembre 1771. Il fallut prendre jour pour l'exécution du projet ; le Comte de Morangiés auroit voulu qu'on ne perdît pas un inftant , dans la crainte où il étoit, que l'illufion dans laquelle il tenoit le jeune homme ne fe diffipât par la rencontre fortuite de quelques gens inftruits de l'état de fes affaires.

Mais le fieur Dujonquay obferva qu'il lui falloit quelque tems pour compter l'or, & difpofer les facs; que c'étoit ce qu'il fe propofoit de faire dans la foirée du lendemain Samedi, qui étoit Fête, & que la matinée du Dimanche n'étoit pas convenable pour le tranfport de l'or; en conféquence on prit jour pour le Lundi fuivant, à commencer à fept heures du matin.

Pour remplir ce projet, il y avoit deux chofes à faire : la premiere, de completter les 300000 livres que la dame Veron alloit prêter au Comte de Morangiés.

Elle avoit, comme on l'a vu plus haut, le 2 Septembre, prêté 6000 livres à la veuve Tourtera, dont cette derniere avoit fait fon billet payable à volonté, & fous la condition de rapporter la fomme lorfque la dame Veron trouveroit à placer tous fes fonds.

En conféquence Dujonquay paffa auffitôt chez cette femme, pour lui dire que fa grand'mere vouloit abfolument ravoir les 6000 livres qu'elle lui avoit prêtées, parce qu'elle avoit trouvé à les placer avec fes autres fonds, & qu'il défiroit qu'elle lui rendît cette fomme en or, parce qu'il s'étoit chargé de la porter lui-même, les 30000 liv. appartenans à fa grand-mere.

La femme Tourtera fe trouva un peu embarraffée de cette précipitation; elle promit cependant de porter, le lendemain vingt-un, 4800 liv. en or. Plufieurs Particuliers chez lefquels elle a pris ces deux cens louis, font en état de dépofer de cette circonftance.

Dujonquay lui dit de rapporter le furplus le plutôt poffible. Le lendemain, Samedi 21, la veuve Tourtera, fidelle à fa promeffe, rapporta effectivement les 4800 livres en or, ainfi qu'elle l'avoit promis, & dans cet état il ne manquoit plus à la dame Veron, en or, qu'une somme de 1200 livres pour completter les 300000 livres, déduction faite des 600 livres dont le Comte de Morangiés faisoit cadeau au jeune Dujonquay. Voilà donc le premier objet rempli : la somme étoit prête en or, à 1200 livres près, qu'on devoit remettre en argent, si la veuve Tourtera ne rapportoit point en or les 1200 livres dont elle étoit demeurée débitrice.

Il falloit après cela disposer les sacs, de maniere que le jeune Dujonquay pût porter lui-même tout cet or à différens voyages, comme il s'y étoit engagé; & ce fut à cette disposition qu'il travailla le même jour Samedi 21 Septembre.

Ici toutes les époques, tous les faits sont de la plus grande importance ; la veuve Veron ouvrit le matin l'armoire où étoit son or ; le jeune Dujonquay, son petit-fils, auquel elle avoit la plus grande confiance, prit tous les sacs qui renfermoient cet or, & les porta successivement dans son cabinet, dont il tira la clef ; les enfans & petits-enfans de la dame Veron, témoins nécessaires, ont dû déposer de ces faits.

Après-dîné, environ sur les deux heures, le jeune Dujonquay alla dans son cabinet pour travailler à son arrangement.

Il crut qu'il devoit préparer pour chaque voyage un sac de 600 louis, qu'il porteroit sous son bras par dessous sa redingotte, & deux sacs de 200 louis chacun, qu'il mettroit dans les poches de sa veste.

Comme il travailloit à faire ces sacs, & qu'il avoit tout l'or de sa grand'mere répandu sur une table, arriva le nommé Gilbert, Piqueur du Comte de Mailly, & avec lequel le sieur Dujonquay n'avoit d'autre relation que celle qu'avoit établi entre eux leur goût commun pour l'exercice des armes.

entre eux leur goût commun pour l'exercice des armes.

Le premier mouvement de Gilbert, en voyant tout cet or étalé, fut un mouvement de furprife : *Ah! la belle monnoye*, s'écria-t-il, *à qui donc appartient tout cela ;* alors l'amour-propre du jeune homme s'épanouit, on aime à paroître riche : *C'eft*, lui répondit-il, *l'or de ma bonne maman, dont je vais faire un bon emploi, & je divife cet or en différens facs, pour être à portée de le porter moi-même à différens voyages.*

Le fieur Gilbert offrit à Dujonquay de lui aider dans cet arrangement ; en conféquence, ils travaillerent tous les deux pendant environ trois heures ; le fieur Dujonquay mit à cha-cun des facs des étiquettes écrites de fa main, avec l'énu-mération de la quantité de louis qu'ils contenoient.

Nous avons fur ce fait important la dépofition de ce fieur Gilbert, elle n'eft pas myftérieufe, il eft partie dans cette conteftation, & l'on verra que cet homme a eu affez de fer-meté pour braver les efforts de l'intrigue & du crédit, dans une affaire qui lui étoit étrangere, & dans laquelle il n'a porté d'autres vues que celles d'une ame généreufe qui fe plaît à fecourir l'innocence & à éclairer la Juftice.

Cependant le Lundi 23 Septembre, jour convenu, arrive ; Dujonquay part de chez lui entre fept heures & fept heures & demie du matin chargé de 1000 louis, de la maniere dont on vient de l'expofer ; entré chez le Comte, il regarde dans la loge du Suiffe & n'y voit qu'une femme, qui lui fait figne de la tête qu'il peut monter.

Le Comte qui étoit aux aguets, l'apperçut dans la cour à travers fes croifées, & lui fit figne de la main de monter par le petit efcalier qui conduifoit à fon cabinet.

Le

Le fieur Dujonquay, au premier inftant de fon arrivée, voulut ouvrir les trois facs qui contenoient les 1000 louis, afin de juftifier de fon exactitude ; mais le Comte de Morangiés répondit qu'il n'avoit aucune inquiétude ; que d'ailleurs le fieur Dujonquay avoit bien d'autres voyages à faire , & qu'il n'y avoit pas de tems à perdre : fans doute que le Comte de Morangiés trouvoit plus à propos de faire fes vérifications pendant les allées & venues du fieur Dujonquay.

Il lui donna une reconnoiffance conçue en ces termes :

» *Je fouffigné reconnois que M. Dujonquay m'a apporté* » *mille louis, dont je promets faire mon billet à Madame Ve-* » *ron , fa grand mere.* Signé , LE COMTE DE MORANGIÉS.

Et il tint pareilles reconnoiffances toutes prêtes pour les autres voyages.

Le fieur Dujonquay reprit fa route pour aller fe charger de nouveau ; ainfi fut procédé pendant treize voyages faits fans interruption , les douze premiers de 1000 louis chacun , & le treizieme de 425 louis feulement, ce qui faifoit une fomme de 298200 livres ; il ne falloit que 1800 livres pour completter les 300000 livres.

Le fieur Dujonquay en fit l'obfervation au Comte de Morangiés ; mais ce dernier lui repréfenta qu'il ne falloit plus que 1200 livres , puifqu'il étoit convenu de lui faire cadeau de vingt-cinq louis ; il ajouta qu'il ne manqueroit pas d'aller le lendemain à midi chez la dame Veron pour la remercier , qu'alors on lui remettroit les 1200 l. reftantes & fes reconnoiffances, & qu'il feroit à la dame Veron les quatre billets dont ils étoient convenus , payables aux échéances déterminées , l'intérêt compris : il étoit alors environ une heure & trois quarts.

Deux rencontres heureufes qu'a faites le fieur Dujonquay dans la matinée du 23 Septembre & tandis qu'il portoit l'or de fa grand'mere chez le Comte de Morangiés , celles du fieur

¶ D

Gilbert & du fieur Aubriot ont mis la dame Veron dans le cas d'acquérir la preuve de ce tranfport, de même que la preuve des reconnoiffances données par le Comte de Morangiés, à fur & mefure des facs d'or qui lui étoient remis, ainfi qu'on le verra dans l'établiffement des moyens.

Mais n'interrompons pas l'ordre des faits.

Le Comte de Morangiés envoya le lendemain 24 à neuf heures du matin fon Poftillon au fieur Dujonquay, avec une lettre conçue en ces termes : *Je vous prie, Monfieur, de remettre au porteur les 1200 livres.* Je fuis, &c. Cette lettre étoit accompagnée d'un reçu de cette fomme.

Le fieur Dujonquay ne fut pas content de ce que le Comte de Morangiés ne venoit pas lui-même, comme il l'avoit promis, pour terminer une affaire de cette importance ; il lui fit dire par fon Poftillon qu'il ne pouvoit lui remettre le fac de 1200 livres, quant à préfent, mais qu'il l'attendoit à midi, ainfi qu'il en avoit donné fa parole, & il lui renvoya par le Poftillon fon reçu de 1200 livres. Cette circonftance eft prefque la feule qui fe trouve exacte dans la déclaration que le Comte de Morangiés a faite le 4 Octobre, parce qu'il a cru que le jeune Dujonquay avoit confervé fa lettre.

Quoi qu'il en foit, le Comte, d'après la réponfe que lui porta fon Poftillon, arriva effectivement à midi un quart en cabriolet à la porte de la dame Veron ; il monta, & fut introduit dans le cabinet du fieur Dujonquay, qui alla l'y recevoir.

Le Comte de Morangiés s'excufa fur fa lettre, en difant que s'étant propofé de fortir fans voiture, il avoit cru devoir envoyer prendre par un domeftique le fac de 1200 livres, qui l'auroit embarraffé ; le jeune Dujonquay s'excufa de la réponfe qu'il lui avoit fait faire, fur fon empreffement de terminer avec lui.

Le Comte de Morangiés dit que c'étoit bien son intention; en conséquence, il demanda toujours avec la même affabilité au sieur Dujonquay s'il vouloit lui dicter les billets, ou s'en rapporter à lui pour la rédaction ; celui-ci s'en rapporta absolument, & ne fit que donner au Comte de Morangiés les noms & surnoms de la dame Veron sa grand'mere, au profit de laquelle les billets devoient être faits : en voici la forme.

» *Au tel jour. Je payerai à Madame Marie-Anne Regnaut,* » *veuve en secondes noces de feu sieur Marie - François Ve-* » *ron , Banquier à Paris , ou à son ordre , la somme de* .... » *valeur reçue comptant de ladite Dame. Fait à Paris ce 24* » *Septembre 1771.* Signé, *LE COMTE DE MORANGIÉS.*

Il fit, d'après le plan convenu, quatre billets dans cette forme, faisant ensemble 327000 livres, parce qu'on y avoit compris les intérêts à six pour cent.

De son côté, le sieur Dujonquay, en recevant ces quatre billets, remit au Comte de Morangiés ses treize reconnoissances, & lui compta les 1200 livres qui restoient à donner pour appoint.

Le sac de 1200 livres fut donné à la domestique pour le descendre, avec ordre de le faire mettre dans le cabriolet du Comte de Morangiés ; ce dernier demanda ensuite la dame Veron, à laquelle il fit ses remercîmens dans les termes les plus affectueux, en lui disant qu'il saisiroit toutes les occasions qui se présenteroient pour obliger son petit-fils, que sa protection pourroit lui être utile, étant fort bien en Cour.

La dame Veron lui répondit qu'il devoit être bien content d'elle, puisqu'elle lui avoit fourni tout en or, à l'exception de 1800 livres. *Non, Madame,* lui repliqua-t-il, *ce n'est que 1200 livres que je fais emporter, car j'ai fait présent de 600 liv. à M. votre fils.*

Le Comte de Morangiés fit enfuite fa révérence & s'en alla, en s'applaudiffant beaucoup, fans doute, de la conclufion de cette affaire, & bien réfolu de tenir ce prêt fecret, pour n'être point gêné par fes Créanciers, fur l'ufage qu'il vouloit faire de ces nouveaux fonds.

Il paroît que ce fut là d'abord fon unique intention, ainfi qu'on le va voir par la conduite qu'il a tenue.

A peine fut-il parti, que la femme Charmet, Courtiere du Comte de Morangiés, monta; elle dit qu'elle avoit reconnu le cabriolet du Comte à la porte, qu'elle avoit vu mettre dans le cabriolet un fac d'argent, que fans doute l'affaire étoit confommée.

Le fieur Dujonquay fut embarraffé fur fa réponfe, d'après le fecret que le Comte de Morangiés lui avoit recommandé ; mais la Charmet ayant infifté fur ce que le Comte de Morangiés lui avoit promis récompenfe, & que le fieur Dujonquay ne voudroit pas vraifemblablement qu'elle en fût privée, ce dernier convint de tout avec elle, & lui fit même voir les billets du Comte, en lui recommandant de ne point ébruiter cette nouvelle, parce que le Comte de Morangiés avoit recommandé le fecret.

Cette femme alla le lendemain entre huit & neuf chez le Comte de Morangiés, ainfi qu'il l'a dit lui-même dans fa déclaration chez le Commiffaire Chefnon le 4 Octobre. Elle lui demanda la récompenfe qu'il lui avoit promife pour les 300000 livres qu'elle lui avoit fait prêter ; elle lui parla de ce prêt comme en ayant été rendue certaine par la dame Veron & fa famille, & elle fut fort étonnée de l'entendre affurer avec ferment qu'il n'avoit reçu du fieur Dujonquay qu'une fomme de 1200 livres, que le prêt des 300000 livres n'étoit point confommé, & *qu'il défioit Dujonquay de repréfenter les titres.*

Dans la même matinée, le sieur Monvoisin, l'un des Créanciers du Comte de Morangiés, se présenta sur la nouvelle qu'il avoit apprise la veille par la femme Charmet de la consommation de ce prêt, & le Comte de Morangiés lui tint le même langage, ainsi qu'il l'a dit lui-même dans sa déclaration du 4 Octobre.

Certainement, si le Comte de Morangiés n'eût point reçu le montant de ses billets, il eût alors conçu la plus vive inquiétude, & auroit été sur le champ chez la dame Veron pour les retirer, ou pour s'en faire remettre une reconnoissance.

Mais l'emprunt étant constant, le Comte de Morangiés devoit être affecté d'une autre maniere. Aussi dans sa déclaration du 4 Octobre ne prétend - il pas qu'il lui soit seulement venu dans l'idée d'aller demander cette reconnoissance ; mais il vouloit, comme nous l'avons observé, que le prêt demeurât secret.

En conséquence, il se rendit le jour même chez le sieur Dujonquay pour lui reprocher son indiscrétion ; il l'engagea à dissuader cette femme du prêt, en lui disant qu'elle étoit propre à ameuter contre lui ses créanciers ; & que l'intérêt de la dame Veron elle-même, étoit que les 300000 l. fussent employées à l'exploitation de sa Forêt, parce que son projet étoit de la payer sur les premiers deniers qui en proviendroient.

Le jeune Dujonquay conçut quelque alarme en entendant, pour la premiere fois, le Comte de Morangiés lui parler de ses créanciers ; mais celui-ci le rassura en disant qu'il n'en avoit pas pour des sommes considérables relativement à l'immensité de sa fortune ; que ses créanciers d'ailleurs étoient des coquins, dont les titres en bonne justice devoient être réduits à moitié ; j'ai même, ajouta-t-il, besoin pour cela d'un homme intelligent qui se mette à la tête de mes affaires : *Vous avez un esprit majeur , vous me ferez le plaifir de prendre un appartement dans mon hôtel , & nous travaillerons enfemble ; mais fur-tout engagez cette femme à fe taire.*

Tels font, à peu de chofes près , les propos que tint le Comte de Morangiés au jeune Dujonquay, & que ce dernier a confignés dans fon interrogatoire.

Mais la femme Charmet, à ce qu'il paroît, connoiffoit trop bien le Comte de Morangiés, pour avoir pu douter de la vérité du prêt à la feule infpection de fes billets, indépendamment des affurances que la dame Veron lui en avoit données.

Elle écrit dans la foirée du même jour au Comte de Morangiés une lettre , par laquelle elle lui reproche avec amertume de s'être fervi de fon miniftere & des plus beaux dehors pour s'emparer de la fortune entiere d'une famille honnête ; elle infifte fur le droit de courtage qui lui eft dû pour la confommation du prêt ; elle lui rappelle les fermens affreux qui ont accompagné la dénégation qu'il lui a faite de ce prêt ; elle lui rappelle le propos par lui tenu le matin , *qu'il défioit Dujonquay de repréfenter les titres ;* elle ajoute qu'elle le fera affigner pour fon droit de courtage, & que les titres paroîtront alors. Cette lettre eft conftante , & c'eft au Comte de Morangiés lui - même que nous la devons, puifqu'il l'a fait annexer à fa déclaration du 4 Octobre.

Certainement, l'inquiétude du Comte de Morangiés devoit ici redoubler, s'il n'avoit pas reçu le montant de fes billets ; & le foin de fon honneur exigeoit qu'il fe fît remettre une reconnoiffance pour fermer la bouche à cette femme fur l'imputation atroce qu'elle lui faifoit.

Mais le Comte de Morangiés, dans la pofition où il étoit, ne pouvoit point agir de la forte ; il fe contenta d'écrire à la Charmet le 26 Septembre, une lettre très-paifible , de la tour

nure cependant la plus adroite , pour la diffuader de ce prêt ,
& fans ofer lui parler des billets dont il lui avoit nié l'exiftence , ainfi qu'il paroît par la lettre à laquelle il répond ; il
lui obferve très ingénieufement qu'il eft incapable de la priver
de la récompenfe qui lui appartiendra raifonnablement pour
la peine qu'elle a prife de conduire le fieur Dujonquay chez
lui ; mais que s'il y a un moyen de faire évanouir fes juftes
efpérances à ce fujet, c'eft précifément celui qu'elle a employé :
Car, ajoute-t-il , *fi le prêt eft public avant qu'il foit effectué , il
eft certain qu'il n'aura pas lieu , parce qu'il eft bien certain que
les prêteurs ne veulent pas que la chofe fe fache ;* & il finit
ainfi : *Je fuis , Madame , tout à vous.* LE COMTE DE MO-
RANGIÉS.

La femme Charmet indignée de cette lettre & de fa fauffeté , la porte fur le champ à la dame Veron & à fa famille ;
alors elle leur déclare elle-même , avec l'expreffion du repentir
le plus vif , que leur fortune étoit dans le plus grand danger ;
que fon extrême envie d'obliger le Comte de Morangiés lui
avoit impofé filence fur l'état de fes affaires ; qu'il avoit fait
abandonnement de la totalité de fes biens à fes créanciers , &
qu'elle trembloit pour eux de la mauvaife foi réfultante de la
dénégation du prêt qu'il lui réitéroit par fa lettre.

Le même jour cette femme fit réponfe au Comte de Morangiés , & lui annonça qu'il recevroit une affignation à midi ; &
fi cette affaire n'a point été fuivie de la part de cette femme ,
c'eft à fa maladie , & à fa mort arrivée quelque-tems après ,
que le Comte de Morangiés en eft redevable.

Quant à la dame Veron & à fes enfans , fur la repréfentation
de la lettre du Comte de Morangiés , & fur les ouvertures
trop tard faites par la Charmet , ils furent dans la confternation
la plus grande. Le jeune Dujonquay fort , court & s'agite ,

N'ayant pas l'honneur de connoître le Magiſtrat de Police, il n'oſe ſe préſenter à lui directement ; mais il a oui-dire que le ſieur Laurent, Secrétaire à la Police, avoit été de la connoiſ-fance du ſieur Veron ſon grand-pere ; il va le prévenir des manœuvres du Comte de Morangiés, l'engager d'en parler au Magiſtrat pour lui faire rendre juſtice ; il va trouver encore le ſieur Dupuis, Inſpecteur de Police, & le preſſe, avec le ton de la douleur, de la franchiſe & de l'innoçence, de s'intéreſſer en faveur d'une famille honnête vis-à-vis d'un Seigneur entre les mains duquel toute ſa fortune eſt dans le plus grand danger.

Le jeune Dujonquay revenu de ſes courſes, écrit avec la chaleur du reſſentiment au Comte de Morangiés ; ſa lettre eſt datée de ſept heures du ſoir ; il lui reproche, dans les termes les plus forts, la ſéduction qu'il a pratiquée vis-à-vis de lui pour ſe faire prêter tout l'or de ſa grand'mere ; il lui rappelle qu'il lui a porté 12425 louis en treize fois ; il lui dit, qu'il ne ſe feroit jamais douté qu'il eût employé tous ſes domeſtiques ce jour-là, hors de chez lui, pour mieux exécuter ſon plan ; il lui annonce qu'il a rendu plainte contre lui à la Police ; il le menace de le pourſuivre. Il finit par lui dire, qu'il fera valoir les titres de ſa grand'mere dans toute leur étendue, & que s'il croit lui faire perdre la moitié de ſa créance, comme à ſes au-tres créanciers, il ſe trompe fort, &c.

Cette lettre a encore été jointe par le Comte de Morangiés, à ſa déclaration du 4 Octobre.

Voilà donc le Comte de Morangiés bien averti, que le jeune Dujonquay prétend ſe prévaloir des billets faits au profit de la dame Veron, comme lui en ayant livré la valeur ; certainement s'il ne l'a point reçue, il doit être indigné de la conduite de Dujonquay ; il doit employer ſur le champ l'autorité, ou venir armé d'une ordonnance de Juſtice pour la ſaiſie & revendica-

tion

tion de ſes billets ; mais ſon parti n'eſt pas pris encore , & nous allons voir dans quelle incertitude il a flotté avant que d'agir.

Le Comte de Morangiés ſe ſentoit coupable par la ſeule raiſon du prêt conſidérable qu'il s'étoit fait faire de la part d'un jeune homme qu'il avoit ſéduit. Il ſe ſentoit coupable , parce qu'au moyen du dérangement de ſes affaires , il n'avoit aucune certitude de pouvoir rendre la ſomme empruntée. Mais ſi ceux dont il avoit la fortune entre les mains ne l'inquiétoient pas , s'ils ſe contentoient d'attendre paiſiblement l'échéance des billets , ne pouvoit-il pas lui-même ſe contenter de leur dire alors , qu'il étoit bien fâché de ne pouvoir pas les payer , & qu'ils euſſent à ſe pourvoir dans ſa direction ?

Mais s'ils l'inquiétoient ; s'ils rendoient plainte contre lui , ne pouvoit-il pas nier le prêt pour ſauver le délit ? En niant le prêt , ne pouvoit-il pas ſuppoſer l'eſcroquerie de ſes billets ? ne pouvoit-il pas tenter d'abuſer de l'autorité , pour arracher par des violences des déclarations fauſſes , contraires à leur contenu ?

Comment, d'ailleurs , cette affaire ſeroit - elle vue dans le public ? avec qui avoit-il traité ? Avec des gens qui ne tenoient à rien au monde , qui vivoient à un troiſiéme étage , ignorés de la terre entiere. Comment préſumeroit-on que des êtres pareils euſſent été en état de prêter 300000 livres ? comment préſumeroit-on qu'un homme de qualité comme lui , Maréchal de Camp , fils d'un Lieutenant Général des Armées du Roi , gendre d'un Duc , ſe fût lâchement rendu coupable d'une eſcroquerie de 300000 livres ? Tout le corps de la nobleſſe , tous les gens de qualité ne ſeroient-ils pas obligés de prendre ſes intérêts ? Leur opinion ne commanderoit-elle pas à l'opinion publique , à celle même des Tribunaux ?

¶ E

Le Comte de Morangiés, dans le fystême de préfomptions qu'il accumuloit ainfi pour fa défenfe, faifoit injure aux Loix & à la Juftice.

Mais il jugeoit affez bien les hommes de fon fiècle, en fe flattant de les féduire au premier abord ; nous difons au premier abord, car il eft dans la nobleffe Françoife des ames vraiment grandes & généreufes qui cherchent la vérité, qui aiment la juftice & qui ne pardonnent pas de les avoir trompés.

Tel a donc été, pendant quelques jours, l'objet des méditations du Comte de Morangiés & de fa profonde politique ; en conféquence il tint fes yeux toujours ouverts fur les démarches de la dame Veron & de fon petit-fils.

La dame Veron ne pouvant plus douter de la noirceur du piége dans lequel le Comte de Morangiés avoit entraîné le jeune Dujonquay, fe préfenta chez le Commiffaire Chefnon pour rendre plainte, dès le 27 Septembre ; mais cet Officier refufa de la recevoir.

Au refus du Commiffaire Chefnon, la dame Veron fe tranfporta, le 28 Septembre, chez le Commiffaire Thierry, qui la reçut ; elle y expofa les circonftances du prêt, les furprifes pratiquées par le Comte de Morangiés pour fe le procurer, & fa dénégation frauduleufe de la vérité de ce prêt confignée dans la lettre par lui écrite à la Charmet, qu'elle annexa à la plainte.

Elle fit plus, & l'on va voir le trait le plus frappant de la vérité de ce prêt, qu'il foit poffible de préfenter ici. .... Le jour même de la plainte, la dame Veron donna fa requête au Lieutenant Criminel, par laquelle elle lui demanda, non-feulement permiffion d'informer fur fa plainte, mais encore permiffion de faifir & revendiquer chez le Comte de Morangiés les facs d'or étiquetés de la main de fon petit-fils, &

qui lui avoient été portés par ce dernier, le 23 du même mois.

Cette requête eſt répondue de l'Ordonnance du 30 du même mois, portant permiſſion d'informer & de ſaiſir & revendiquer, chez le Comte de Morangiès les ſacs d'or en queſtion.

A qui perſuadera-t-on que des gens, qui n'auroient pas été certains de leur fait, qui n'auroient pas véritablement porté leur or chez le Comte de Morangiés, euſſent demandé à la Juſtice une permiſſion de revendiquer, dont l'effet auroit tourné contr'eux mêmes, ſi l'or avec les ſacs étiquetés ne s'étoit point trouvé dans les coffres ou armoires du Comte de Morangiés ?

Mais il falloit, pour le ſuccès de cette opération, qu'une pareille Ordonnance fût miſe à exécution ſur le champ & avant que le Comte de Morangiés pût en avoir l'éveille.

Elle pouvoit l'être, & devoit l'être en effet dès le ſoir même du 30 Septembre. On va voir dans un moment par quelle fatalité le ſieur Dujonquay & la dame ſa mere ſe trouverent hors d'état de preſſer alors cette opération.

Le Comte de Morangiés, attentif à toutes les démarches de la dame Veron & de ſes enfans, apprend qu'elle ſe propoſe ſérieuſement de le pourſuivre par la voie extraordinaire. Alors il ne balance plus ; le cas par lui prévu étant arrivé, voilà le moment de mettre ſes projets à exécution.

Il s'en va trouver le ſieur Lieutenant de Police avec une fable toute prête, & qu'il préſente avec cet air de candeur qui lui eſt propre.

Il lui annonce, qu'ayant eu intention d'emprunter une ſomme de 300000 liv. pour l'exploitation d'une forêt conſidérable, deux perſonnes, une femme & ſon fils s'étoient adreſſés

à lui, comme en état de lui faire fournir, par une compagnie pécunieuse, les fonds dont il avoit besoin pour remplir
cet objet ; qu'on lui avoit demandé ses billets pour les faire
passer à cette compagnie ; qu'il avoit eu une confiance assez
aveugle pour en remettre quatre montants à 327000 liv. quoiqu'il n'eût reçu que 1200 liv. à compte, & cela sans en exiger
de reconnoissance ; qu'il étoit certain, par la lettre du sieur
Dujonquay du 26 Septembre, auquel il avoit confié ses billets, qu'il entendoit s'en faire contre lui des titres sérieux &
légitime ; le Comte de Morangiés ajoute, que l'étourderie qu'il
a faite ne pourroit que lui donner les plus grands désavan-
tages en Justice reglée, où toutes les ruses de la chicane
peuvent se combiner de sang froid. Qu'il étoit intéressant pour
lui d'avoir l'aveu des auteurs de cette friponnerie, en les prenant au dépourvu , & en les interrogeant séparément.

Nous connoissons tous , les lumieres, la droiture, cet esprit de sagacité, de justice & d'aménité tout à la fois, cet
amour du bien public, qui anime toutes les démarches du Magistrat de la Police.

Que va-t-il faire sur l'exposé du Comte de Morangiés ? Il
ne présume pas & ne peut pas même raisonnablement pré-
sumer au premier abord, qu'un homme, tenant à des Mai-
sons illustres, veuille se rendre coupable d'un vol de 300000 l.
en conséquence, il n'est question que d'éclaircir les faits &
de chercher la vérité ; pour y réussir , il permet que la dame
Romain & le sieur Dujonquay soient conduits, par un de ses
Inspecteurs, chez Mᵉ Lechauve, Procureur au Châtelet, homme droit, honnête, honoré de sa confiance, pour qu'il les in-
terroge séparément. Ce parti étoit sage & son objet le justi-
fie ; il n'avoit d'autre but que d'éclaircir la vérité des faits.

Mais le sieur Lieutenant de Police étoit loin de prévoir

les abus qui naîtroient de la permiſſion qu'il accordoit.

Le Comte de Morangiés en impoſa facilement au Procureur, malgré ſon exacte probité, au ſieur Dupuis & à ſon Commis, par ſa qualité, par ſa naiſſance, par ſon air de candeur; les gens qu'il accuſoit étoient des gens obſcurs ignorés dans cette Capitale. On s'aſſura qu'ils demeuroient au troiſiéme étage, rue ſaint Jacques, & que leur ameublement n'annonçoit point l'opulence; il ne parut pas poſſible que de pareils gens euſſent été dans le cas de prêter 300000 liv. au Comte de Morangiés; en conſéquence, avant que de les interroger, on les crut coupables, & tel eſt le pouvoir de la prévention, qu'elle rend quelquefois l'honnête homme injuſte & cruel. L'on penſa donc que l'objet utile de leur comparution devoit être de leur faire avouer leur crime, & s'il ne falloit qu'une impulſion vive, violente même, pour les faire parler, qu'il étoit convenable de l'employer en pareille circonſtance pour le triomphe de la vérité, & pour l'intérêt de la Juſtice.

Le Comte de Morangiés lui-même anime leurs démarches; le ſieur Deſbrunieres, homme plein de feu & d'adreſſe, dans la vigueur de l'âge, promet de le bien ſervir, & le Comte de Morangiés, s'applaudiſſant au fond de ſon cœur, ſe flatte enfin de tromper heureuſement les intentions des Agens dont il ſe ſert, & que les menaces & violences qu'ils emploieront, dans l'idée d'arracher la vérité de ceux qu'il accuſe, leur arracheront au contraire, des déclarations fauſſes, propres à détruire la cauſe de ſes billets.

Ici va s'ouvrir une ſcène d'horreurs, & qu'on ne croiroit jamais, ſi on n'y étoit préparé d'avance par quelques réflexions.

1°. Nous avons pour garant de ſa vérité, cette circonſtance, que le ſieur Deſbrunieres, leur principal auteur, a eu l'indifcrétion de s'en vanter lui-même, ainfi que la preuve en doit être acquife par les informations.

2°. Ce fait conftant, que la dame Romain & le fieur fon fils, le 30 Septembre, ont été tenus en chartre privée, depuis quatre heures du foir jufqu'à onze heures & minuit, ce qui fait un intervalle d'environ fept heures, & que ce n'eft qu'au bout de ce tems qu'on a pu parvenir à leur faire mettre leurs fignatures au bas des déclarations dont il s'agit.

Il doit donc s'être paffé pendant ce tems des faits bien étranges ; il a fallu employer, vis-à-vis de la dame Romain & du fieur Dujonquay, une impulfion bien forte, puifqu'ils ne fe font déterminés à figner qu'à cette extrèmité.

Voici le moment de rendre compte de ces faits, qui font effentiellement partie du procès, dont on trouvera des traces dans les interrogatoires, & dont la dame Veron s'eft rendue plaignante par fa requête du 21 Février dernier, en expliquant fa plainte du 3 Octobre.

Le jour même que la dame Veron & le fieur Dujonquay devoient faire perquifition chez le Comte de Morangiés pour revendiquer leur or, arrive chez eux, fur les trois heures & demie ; le fieur Defbrunieres, Commis du fieur Dupuis, Infpecteur de Police, il dit à la dame Veron & à fes enfans, avec l'air de l'empreffement & une envie d'obliger apparente, que le Magiftrat étoit inftruit de l'efcroquerie & du vol manifefte que le Comte de Morangiès prétendoit leur faire, & qu'il l'avoit chargé de les accompagner chez Me Lechauve, Procureur au Châtelet, qui leur feroit rendre juftice.

La dame Romain & le fieur Dujonquay, qui avoient déja vu le fieur Defbrunieres chez le fieur Dupuis, Infpecteur, lorfqu'ils y avoient été pour demander fecours contre le Comte de Morangiés, eurent la fimplicité de croire que ce qu'on leur propofoit étoit le fruit de leurs follicitations, & ils accepterent la propofition comme la chofe du monde la plus avantageufe pour eux.

Quant à la dame Veron, le fieur Desbrunieres dit qu'on en avoit pas befoin. Etoit-ce par refpect pour fon âge ? Nous avons peine à le croire. Quoi qu'il en foit, la dame Romain & le fieur fon fils amenés chez M^e le Chauve, entrerent dans fon cabinet avec cet air de confiance & de fécurité qui convient à des innocens auxquels on promet prompte juftice.

Ils commencerent par fe féliciter fur le motif qui 'es affembloit chez M^e le Chauve ; mais au premier mot l'illufion fut détruite. M^e le Chauve ayant dit d'un ton févere à Desbrunieres : emmenez-moi ce jeune homme là-bas ; qu'on le fépare de fa mere.

Le jeune Dujonquay fut conduit dans une falle par bas, appartenante à M^e le Chauve, & qui eft voifine de fon Etude, non fans un très-grand étonnement du commencement de cette fcene ; mais il étoit loin de prévoir les mauvais traitemens qu'on lui deftinoit.

Defbrunieres remonta auffi-tôt ; ce fut alors, que M^e le Chauve prenant la gravité d'un Juge, dit à la dame Romain: *Levez la main, & promettez à Dieu de dire vérité* (1). Alors commença une efpece d'interrogatoire, dans lequel Defbrunieres fit l'office de Greffier, jufqu'à l'arrivée du fieur Dupuis, Infpecteur de Police.

La dame Romain foutint avec fermeté la vérité du prêt,

---

(1) Nous croyons devoir obferver ici que Me. le Chauve nie le fait ; mais que la dame Romain l'attefte, & qu'il eft configné dans la Plainte de la dame Veron, du 12 Février dernier.

malgré tous les efforts de l'aftuce pour la faire tomber en contradiction avec elle-même.

Le fieur Defbrunieres, voyant la fermeté de cette femme, imagina que la terreur & les mauvais traitemens pourroient arracher de Dujonquay des déclarations contraires à celles que fa mere avoit faites. Il fort dans la rue, rentre un moment après, accompagné de deux hommes, arrive dans l'Etude de M^e le Chauve, & prenant Dujonquay par le col, comme s'il avoit voulu l'étrangler, il dit d'une voix fulminante à ces deux hommes : *avez-vous des fers?* L'un d'eux répondit que oui, & les fit à l'inftant retentir dans fa poche. *Gueux*, continua Defbrunieres, en le tenant toujours par le col, *tu es perdu , ainfi que toute ta famille. Nous allons vous traîner dans les cachots ; j'y conduirai ta grand'mere par les cheveux, ainfi que tes fœurs ; ta maifon va être inveftie ; on va mettre les fcellés chez toi. Ah ! coquin, tu es perdu. Ta mere a tout avoué.*

Il y a tant de barbarie & de perfidie dans cette conduite, qu'elles font prefque incroyables ; il n'eft pas moins incroyable que leur auteur s'en foit vanté lui-même.

Ah ! dit Dujonquay, *fi ma mere a tout avoué, elle n'a pu dire que la vérité, & je dirai comme elle. Que diras-tu,* réprit Defbrunieres ? *Je dirai que j'ai, pour mon malheur & pour celui de ma famille, porté toute notre fortune à un malhonnête homme , qui voudroit nous rendre aujourd'hui fes victimes.*

Ce langage, qui n'étoit que le cri de l'innocence, fut regardé comme infolent, & puni fur le champ d'un grand coup de poing dans l'eftomac, qui fit perdre au fieur Dujonquay la refpiration & l'étendit fur un coin de Bureau qui étoit dans l'Etude de M^e le Chauve.

Defbrunieres

Defbrunieres ne s'en tint pas là. Il bourra dans cette fituation le fieur Dujonquay de plufieurs coups de canne, & le quitta en lui difant : *F…. gueux , tu es perdu , tu feras pendu.*

Après cette premiere expédition , Defbrunieres remonta dans le cabinet de M^e le Chauve, & y tenta la même furprife vis-à-vis de la dame Romain que celle qu'il avoit voulu faire à Dujonquay. Cette femme , dit-il à M^e le Chauve , eft une coquine & une malheureufe ; elle ne vous a pas voulu dire la vérité , & fon fils vient de m'avouer que les trois cens mille livres n'avoient pas été fournies , mais feulement une fomme de douze cens livres.

La dame Romain répondit avec furprife & avec effroi , qu'il n'étoit pas poffible que fon fils eût tenu ce langage , puifque c'étoit lui qui avoit porté l'or.

C'eft lui qui a porté l'or , lui dit-il , *f… coquine* ! Je t'apprendrai à mentir auffi effrontément. En même-temps il la prit par les bras , la fecoua rudement , au point de la meurtrir en plufieurs endroits. Cette malheureufe femme ne put s'empêcher de jetter quelques cris en fe voyant traiter de la forte ; à l'inftant Defbrunieres lui préfenta fa canne à la bouche d'un air furieux , & lui dit : *Malheureufe , fi tu cris , je te ferai avaler ma canne.*

Après ces deux fcenes violentes , Defbrunieres , véritable Prothée dans la main du Comte de Morangiés , effaya une autre reffource.

Il defcendit dans l'Etude , s'approcha du fieur Dujonquay d'un air affez tranquille , il lui dit »que fa mere venoit de » promettre qu'elle figneroit volontiers que les trois cens » mille livres n'avoient pas été portées au Comte de Moran- » giés ; que s'il ne fuivoit cet exemple , il alloit refter

¶ F

» seul impliqué dans cette affaire ; qu'il avoit une façon de
» s'en tirer, qui étoit toute simple ; qu'il n'avoit qu'à dire,
» qu'il n'avoit jamais entendu exiger sérieusement du Comte
» de Morangiés les 300000 livres de billets ; qu'il n'avoit
» feint de paroître le vouloir ainsi, que pour l'inquiéter,
» afin de lui faire rendre sur le champ les 1200 livres à lui
» prêtées, & qu'il craignoit de ne pouvoir pas ravoir d'une
» autre maniere, d'après le mauvais état de ses affaires.

Le sieur Dujonquay ne répondit pas ; mais il ne put s'empêcher de donner un sourire amer & dédaigneux à la bassesse de cette ruse.

Réponds donc, B. . . . . . , lui dit alors Desbrunieres, avec l'impatience que produisoit son peu de succès.

Ah ! dit Dujonquay, que me demandez-vous ? Faut-il que je sois la cause de la ruine de ma famille, & que j'aye placé toute notre fortune dans les mains d'un homme qui paye aujourd'hui mes bourreaux de notre argent.

A ce propos, on se doute aisément que les invectives, les menaces du cachot, les bourrades, recommencerent avec une force nouvelle.

Les mêmes ruses, les mêmes violences se réiterent à différentes fois de la part de Desbrunieres, tant en haut, dans le cabinet de Me le Chauve, vis-à-vis de la dame Romain, que dans l'Etude, vis-à-vis du sieur Dujonquay, sans pouvoir rien faire déclarer à l'un & à l'autre qui démentît la vérité du prêt de trois cens mille livres dont est question.

On s'avisa encore d'un autre expédient. Jusques alors, dans cette étrange maniere de procéder, on avoit interrogé les accusés ; on leur avoit donné la question préalable, sans qu'ils déclarassent rien. On s'avisa ensuite de vouloir les confronter.

M^e le Chauve demanda à la dame Romain , fi elle auroit l'audace de foutenir la vérité du prêt vis-à-vis du Comte de Morangiés ; la dame Romain ayant répondu que oui , M^e le Chauve fit à l'inftant paroître le Comte de Morangiés, qui attendoit dans une piéce à côté.

La dame Romain lui fit alors de vifs reproches de ce qu'a-près lui avoir livré la fortune de fa mere , qui devoit être un peu la fienne, il la faifoit traiter avec cet excès de cruauté. Alors le Comte de Morangiés eut l'air de balbutier , en di-fant qu'elle étoit moins coupable que fon fils.

Vous êtes trop bon , Monfieur , dit Defbrunieres , ils ne valent pas mieux l'un que l'autre : *As-tu les billets* , dit-il à la dame Romain ? Elle répondit qu'elle ne les avoit pas , & que c'étoit un grand bonheur pour elle & pour fa famille.

Tu ments B......, dit Defbrunieres , *il faut que je te fouille.* La dame Romain fentit une répugnance invincible à fe voir preffée & fouillée par les mains de cet odieux agent ; mais il fallut ceder à la force , & Defbrunieres perdit le fruit de fes violences , les billets ne fe trouverent point.

Enfuite on fit paffer la dame Romain dans une autre piéce, pour la nouvelle fcène que l'on méditoit vis-à-vis du fieur Dujonquay.

On fe reffouvint qu'on ne lui avoit point fait prêter ferment comme à fa mere , & qu'il n'avoit point été mis en préfence du Comte de Morangiés.

Defbrunieres le vint chercher, & l'introduifit dans le ca-binet de M^e le Chauve, où il fut fort étonné de voir, pour la premiere fois , le Comte de Morangiés qui avoit le dos ap-puyé à la cheminée.

La préfence inopinée de cet homme loin de l'intimider ra-nima fon courage , & lui rendit plus vif le reffentiment de fes perfécutions. F ij

Il s'approcha de lui avec impétuofité. *Comment*, lui dit–il, *barbare que vous étes, je vous ai porté toute la fortune de ma grand'mere, & vous étes affez injufte pour nier le prét, & pour me faire rouer de coups, afin que je le nie moi-même! Non, je n'en ferai rien : répondez-moi. Ne vous ai-je pas porté 12000 louis en douze voyages, & 425 louis le treizieme ; ne m'en avez-vous pas donné d'abord vos reconnoiffances?*

Ces interpellations étoient preffantes, le Comte de Morangiés n'eft point encore enhardi dans le crime ; il marqua de l'embarras ; mais Defbrunieres l'en tira bientôt, en difant au jeune Dujonquay *tu es un infolent*, & en accompagnant cette épithete d'un grand coup de poing dans l'eftomac, qui le renverfa fur un fauteuil, & lui fit perdre pour quelques inftants la refpiration & la parole.

Après lui avoir donné fort peu de tems pour fe remettre, M⁰ le Chauve fit figne à Defbrunieres de l'approcher de fon bureau ; celui-ci le prit par le col & l'y traîna.

Alors M⁰ le Chauve, d'un ton menaçant, lui dit : malheureux, leve la main, & promets à Dieu de dire vérité.

Oui, reprit le jeune homme : *Je fais ferment que tout ce que j'ai dit eft vrai, & que vous étes tous des monftres.*

M⁰ le Chauve l'interrogea : Dujonquay répondit aux interrogations avec cette chaleur, cette fermeté, cette véhémence, que donne le témoignage d'une confcience irréprochable, & le reffentiment d'injures que l'on n'a pas méritées, en fe tournant toujours avec impétuofité vers le Comte de Morangiés, & en le fommant de déclarer fi ce qu'il difoit n'étoit pas vrai.

Ces interpellations réitérées cauferent apparemment beaucoup d'impatience à M⁰ le Chauve ; il s'approcha du fieur Dujonquay, faifit avec emportement le bas de fa vefte, &

la déboutonna avec tant de violence , qu'il en fit fauter plufieurs boutons , en difant au jeune Dujonquay : *Comment
gueux , tu prétends avoir prêté 300000 livres , & tu n'as pas de
chemifes feulement.*

A cette apoftrophe groffiere , le fieur Dujonquay fe contenta de répondre , *ma chemife vaut bien la vôtre.*

Le Procureur finit la féance , en difant : Emmenez-moi ces
gens-là au cachot.

On fit defcendre le jeune Dujonquay , & la dame Romain
prefqu'auffitôt après lui , en la menaçant de la conduire au
cachot avec fa mere & fon fils , puifqu'elle ne vouloit point
avouer.

Le jeune Dujonquay l'ayant apperçue s'approche d'elle ,
& lui dit du ton du reproche le plus amer : *Quoi ! ma mere ,
fi je les en crois , vous avez été affez foible pour déclarer , contre la vérité , que nous n'avons pas fourni au Comte de Morangiés les 300000 livres ; vous voulez donc perdre notre honneur
& toute notre fortune ?*

Ah ! mon fils , lui dit-elle , *en fondant en larmes , j'ai toujours , jufqu'a ce moment , foutenu la vérité ; mais ma tête
eft perdue , mes forces m'abandonnent , qu'allons-nous devenir ?*

Ces plaintes d'une mere retentirent au fond du cœur du
jeune Dujonquay ; pour la premiere fois il fentit mollir fon
courage.

Defbrunieres le voyant ébranlé , voulut que la terreur ache-
vât de le vaincre ; on étoit alors fous la porte cochere de M^e
le Chauve , il n'a point été témoin de cette fcéne , il faut rendre hommage à la vérité.

Defbrunieres prit le chapeau du fieur Dujonquay , qu'il
avoit fous fon bras , & le lui enfonça fur la tête avec un

grand coup de poing, en difant à l'un de fes fatellites : donnez-moi des fers.

Quel fpectacle pour une mere ! Elle veut s'élancer vers fon fils & le défendre, un des fatellites fait un mouvement d'épée qui l'arrête. Ah ! mon fils, s'écria-t-elle, déclarez tout ce que l'on voudra ; pouvez-vous réfifter à cette ignominie, aux horreurs de la prifon dont vous êtes menacez, ainfi que notre famille entiere ? Pour moi, mon fils, me voilà déterminée, faites-en de même, & fi ce n'eft pas pour moi, que ce foit pour votre bonne maman, qu'on veut également faire périr dans les prifons.

Alors Defbrunieres prit la parole, & lui dit : *Ta mere va être mife en liberté, parce qu'elle confent à tout avouer ; mais toi, malheureux coquin, nous allons te conduire chez le Commiffaire Chefnon, qui a refufé ta plainte, & où l'on te traitera avec plus de rigueur encore ; de-là l'on t'enverra pourir dans un cachot.*

Le fieur Dujonquay, les fers aux mains, fuccombant fous le poids de l'ignominie, gardoit un filence morne & ftupide ; on le fit monter dans un carroffe de place avec Desbrunieres, & ce dernier, par des nouvelles menaces, parvint enfin à lui arracher la promeffe qu'il figneroit n'avoir fourni au Comte de Morangiés que 1200 livres.

Quant à la dame Romain, on la fit monter dans une autre voiture avec le Comte de Morangiés.

Il étoit environ onze heures du foir, lorfqu'ils arriverent chez le Commiffaire Chefnon, qui ne s'y trouva point, & qu'on envoya chercher ; le Comte de Morangiés fut conduit avec la dame Romain dans un appartement en haut.

Quant au fieur Dujonquay, on le plaça dans l'étude par bas fur une banquette, *ayant toujours les fers aux mains, &*

ce fut là qu'il fe livra aux reflexions les plus douloureufes.

Il ne crut pas devoir fe plaindre des mauvais traitemens qu'il avoit fouffert, à un Commiffaire qui, quelques jours auparavant, avoit refufé la plainte de la dame Veron, & duquel Defbrunieres l'avoit menacé en lui mettant les fers aux mains.

L'aviliffement de fa pofition, les plaintes de la dame Romain, fon peu de fermeté, les tourmens qu'il venoit de fouffrir, la crainte d'en fupporter de plus grands encore, les horreurs des cachots, dans lefquels il croyoit déja voir traîner fa mere & fa grand'mere, s'il ne fignoit pas ; point de connoiffance à Paris, point de protection, un ennemi puiffant, tous ces objets fe préfenterent en foule à fon imagination effrayée ; il fit dans fon défefpoir cette injure aux Loix & à la Juftice, de penfer que le crédit viendroit à bout d'écrafer l'innocence & de légitimer un vol de 300000 liv.

Cependant, il faut en convenir, au milieu de fon abattement une idée confolante fe préfenta, & fit luire dans fon ame un rayon d'efpérance.

L'ordonnance du 30 Septembre, pour la revendication des facs d'or chez le Comte de Morangiés, pouvoit avoir été mife à exécution dans la foirée même, & pendant que le Comte de Morangiés, abfent de chez lui, s'occupoit à faire tourmenter la dame Romain & fon fils pour leur arracher de fauffes déclarations.

Il étoit poffible que dès le lendemain de ces déclarations fignées, la dame Veron fût en état de montrer un procès-verbal qui conftateroit que fon or avoit été trouvé chez le Comte de Morangiés, avec les étiquettes de la main de fon petit-fils, ce qui auroit détruit toutes les inductions que le Comte de Morangiés auroit pu tirer des déclarations par lui arrachées : d'un autre côté, si cette ordonnance n'avoit point été mise à exécution, comme la liberté devoit lui être accordée aussitôt qu'il auroit signé, il pensa qu'il pouvoit aller faire des protestations sur le champ, & que ces protestations jointes aux titres qui leur restoient, rétabliroient leurs droits dans leur vigueur premiere.

Telles furent les réflexions qui l'empêcherent de rétracter la promesse que Desbrunieres lui avoit arrachée dans la voiture.

Il étoit dans cette disposition d'esprit, lorsque le sieur Dupuis, Inspecteur, lui demanda avec beaucoup de douceur s'il étoit bien déterminé à signer qu'il n'avoit pas fourni les 300000 livres, en lui ajoutant que sa mere avoit déja signé, & qu'il resteroit seul dans l'embarras.

Le sieur Dujonquay répondit, qu'on me délivre de toutes ses obsessions, & je signerai, si l'on veut, que j'ai volé tout Paris.

Alors le sieur Dupuis lui fit ôter ses fers, & le Commissaire entra un instant après.

Le sieur Dujonquay se ressouvint qu'ils rédigerent un acte entre eux, auquel il ne participe qu'en donnant ses noms de baptême, & l'indication de la Paroisse où il est né, & qu'il signa aveuglément, sans en avoir pris lecture, & sans qu'on le lui lût.

Ensuite il fut fort étonné de voir entrer la dame sa mere, qu'on lui avoit dit avoir déja signé, & qui néanmoins signa un autre acte à peu-près pareil, ainsi qu'il s'en est rendu certain par les copies que le Comte de Morangiés lui en a fait signifier : actes qui énoncent des circonstances prouvées fausses au Procès, ainsi qu'on le verra dans les Moyens ; actes enfin où la fraude s'est prise elle-même dans les pieges qu'elle a tendus à l'innocence.

Après

Après ces signatures, la dame Romain & le sieur Dujon-quay crurent qu'ils alloient être mis en liberté, ainsi qu'on le leur avoit promis ; mais non, on craignit apparemment qu'ils n'allassent faire des protestations, & on les envoya coucher dans les Prisons du Fort-l'Evêque.

On conçoit aisément les inquiétudes de la dame Veron pendant tout le cours de cette nuit fatale.

Sa fille & son petit-fils l'avoient quittée sur les trois heures & demie du soir le 30 Septembre, pour aller avec Desbrunieres chez M.e le Chauve, qu'il avoit annoncé comme étant chargé de leur faire rendre justice.

Elle avoit attendu leur retour avec impatience ; quelles fu-rent ses alarmes quand elle vit qu'ils ne revenoient point !

Elle fit faire des informations ; elle apprit dès le lendemain premier Octobre, de grand matin, que sa fille & son fils avoient été conduits en prison, mais on ne l'instruisit point du motif.

Le premier Octobre étoit un Mardi, jour d'Audience du sieur Lieutenant de Police ; elle s'y présenta avec la demoi-selle Dujonquay, & l'une des demoiselles Romain ses petites-filles.

Mais Desbrunieres, agent zélé du Comte de Morangiés, étoit aux aguêts, & gardoit les avenues.

Elle trouva à l'Audience du Magistrat le Comte de Gama-che, qu'une femme, instruite de son infortune, avoit prié de s'intéresser pour elle.

Desbrunieres voyant ce Seigneur parler à la dame Veron, le tira à part, en lui montrant un papier qui contenoit appa-remment copie des déclarations signées dans la nuit précé-dente : il lui dit qu'il comprommettoit son crédit ; que les gens pour qui il s'intéressoit étoient des escrocs, des voleurs,

G

qu'ils avoient tout avoué, & qu'on les avoit arrêtés.

En conséquence le Comte de Gamache se tourna du côté de la dame Veron sans lui rien dire, & s'en alla.

Desbrunieres s'approcha d'elle alors, & lui demanda ce qu'elle venoit chercher : il ajouta qu'elle devoit sçavoir que sa fille & son fils étoient des escrocs, qu'ils avoient enfin déclaré que la valeur des 327000 livres de billets n'avoit point été fournie, & qu'ils étoient dans la Prison du Fort-l'Evêque.

La dame Veron bien certaine que cette valeur avoit été fournie, puisque c'étoit elle qui avoit donné son or, ne put croire cette déclaration que Desbrunieres lui attestoit avoir été faite ; & ce dernier lui proposa alors d'aller avec lui s'en assurer elle-même au Fort-l'Evêque, où elle trouveroit sa fille & son fils.

La dame Veron, remplie d'inquiétude & d'impatience, alla donc à la Prison avec Desbrunieres, la demoiselle Dujonquay & la demoiselle Romain.

La dame Romain voyant arriver sa mere & ses filles dans les Prisons, accompagnées de Desbrunieres, crut que toute sa famille étoit enveloppée dans son désastre, elle fondit en larmes ; & ce fut un nouveau tourment pour elle & pour le jeune Dujonquay que d'y voir paroître leur bourreau.

Desbrunieres essaya encore à tirer parti de cette situation, en disant à la dame Romain, qu'il falloit absolument qu'elle engageât la dame Veron à signer, comme elle, que les 300000 livres n'avoient pas été fournies, sinon qu'on les mettroit tous au cachot.

Qu'elles n'ont point été fournies ! dit la dame Veron ; *cela est aussi faux qu'il est certain que Dieu est au Ciel.* Je vais, sur le champ, le déclarer à M. de Sartine, & demander la liberté de mes enfans.

Malgré son zèle barbare pour le Comte de Morangiés , le sieur Desbrunieres ne crut pas pouvoir prendre sur lui de retenir en prison la dame Veron & ses trois petites-filles. Elle alla parler au Magistrat, qui lui dit avec bonté : *Donnez-moi un Mémoire , je veux éclaircir cette affaire , & je vous ferai rendre justice.* Et Desbrunieres , irrité de la noble fermeté de cette femme octogénaire, la reconduisit en vomissant contre elle les plus grossieres invectives.

Il ne s'en tint pas là ; sçachant qu'on avoit donné pour Conseil à la dame Veron le sieur de la Ville, Avocat, il alla l'instruire des déclarations qui avoient été signées & l'engagea à ne se plus mêler de cette affaire.

Enfin, ce n'étoit pas assez pour un Agent de cette espéce d'avoir arraché de la dame Romain & du sieur Dujonquay des déclarations qu'il croyoit capables de détruire la cause des billets ; ce n'étoit pas assez d'avoir voulu en faire souscrire de semblables à la dame Veron, de l'avoir injuriée & insultée à l'occasion de sa résistance, d'avoir détaché d'elle la seule protection qu'elle eut alors ; il forma l'odieux projet de faire écrire par les trois filles de la dame Romain une lettre au sieur Lieutenant de Police, portant confirmation de l'escroquerie que le Comte de Morangiés imputoit à leur mere & à leur frere ; & voici de quelle maniere il en tenta l'exécution.

Dans les premiers jours du mois d'Octobre, très - peu de tems après l'emprisonnement de la dame Romain & du sieur Dujonquay, le sieur Desbrunieres, qui demeure près du Luxembourg, rencontra dans son voisinage les deux demoiselles Romain, dont l'une a dix-sept ans, & l'autre quinze, avec une Domestique qui les accompagnoit.

Il les engagea, avec l'air de la politesse, à entrer chez lui, sous prétexte de conférer avec elles des moyens de procurer à leur mere & à leur frere leur liberté.

L'honnêteté de ce prétexte leur fit accepter la proposition avec d'autant moins d'inquiétude, qu'elles étoient accompagnées.

Quand elles furent entrées, voici le propos qu'il leur adreſſa :

Si vous voulez, leur dit-il, que votre mere & votre frere vous ſoient rendus, comme je n'en doute pas, il faut que vous écriviez à M. de Sartine, & je vais vous dicter un modèle de lettre.

L'aînée accepta la proposition ; elle reconnut aiſément, d'après la premiere phraſe que lui dicta Deſbrunieres, qu'il vouloit lui faire préſenter ſa mere & ſon frere au Magiſtrat comme coupables d'une eſcroquerie de 327000 livres en billets.

Elle ſe récria au premier inſtant ; mais Deſbrunieres ayant inſiſté, & ſoutenu que c'étoit-là la ſeule tournure qu'il y avoit à prendre, il ſe préſenta à l'eſprit de cette jeune perſonne une idée aſſez heureuſe, ce fut de continuer d'écrire ſous ſa dictée en faiſant des fautes & des omiſſions de mots, de mettre par-là Deſbrunieres dans le cas de corriger les fautes de ſa propre main, & de placer les mots qui manqueroient, pour avoir témoignage contre lui réſultans de ſa propre écriture, des efforts par lui faits, & de la captation par lui pratiquée en faveur du Comte de Morangiés.

Ce ſtratagême réuſſit au-delà de ſon attente ; car Deſbrunieres né pétulent, s'impatientant de ce qu'elle étoit trop long-tems à écrire la lettre, non-ſeulement corrigea les fautes de ſa propre main, mais même finit la lettre de ſon écriture, & la ſigna du nom des trois ſœurs.

Voici ſa teneur ; les mots & lignes en caractères italiques ſont de la main de Deſbrunieres, & nous nous en ſommes affurés en la faifant voir au fieur Dupuis, Infpecteur, dont il eft le Commis.

» Monfeigneur, la bonté avec laquelle vous nous avez reçuę » nous fait efpérer que nous trouverons graces devant vous ; » nous ne réclamons pas vctre juftice, mais nous fupplions » M. de Sartine, dont la bonté, la clémence cft connue, » *d'intercéder M. le Lieutenant Général de Police pour nous* » *de faire grace à notre mere.* Nous fçavons qu'ainfi que mon » frere, ils ont de grands torts, nous n'entreprenons pas de » les juftifier, nous avons ignoré jufqu'à préfent le projet que » notre frere avoit formé, & auquel il avoit engagé notre » mere.

» Monfeigneur, daignez jetter un inftant un regard fur » notre trifte pofition ; nous fommes perfuadées que defcen-» dant dans votre propre cœur, vous en ferez touché ; nous » fommes trois jeunes perfonnes qui n'avons trempé en rien » dans *cette abominable affaire* qu'on ne nous a pas communi-» quée, & qui cependant en deviendroient la victime par les » torts irréparables que cela nous feroit.

. » Notre âge, notre pofition ne nous permettent pas, à ce » que dit notre mere, d'aller fuivant *notre inclination la voir* » *dans fa trifte prifon pleurer avec elle ; Monfeigneur,* ayez » compaffion de nous, & rendez-nous notre mere de laquelle » nous ne pouvons nous paffer ; pour notre frere, *ce fera* » *quand vous voudreƷ bien l'ordonner. Nous fommes avec le* » *plus profond refpect, Monfeigneur, vos très-humbles & très-*» *obéïffantes fervantes, Leonore Dujonquay, Jeannette Romain* » *& Clotilte Romain* «.

Que penfer de cet agent, après une lettre qui porte un fi fort témoignage contre lui ! eft-ce là le Commis d'un Infpecteur de Police ; ou bien eft-ce là l'homme du Comte de Morangiés ?

Nous ne voulons point pénétrer les caufes de fon zèle ; mais ce zèle eft porté à un excès bien étrange , puifque fous prétexte de faire demander grace à trois jeunes perfonnes pour leur mere & leur frere , il veut non-feulement les ruiner en fortifiant la barriere qu'il éleve contre la reftitution du prêt, mais il veut encore les rendre accufatrices contre ce qu'elles ont de plus cher au monde , & fournir par-là des armes au Comte de Morangiés & au Miniftere public, pour conduire leur mere & leur frere , finon à la potence , du moins à des condamnations afflictives & infamantes , dont elles partageroient elles-mêmes la honte & les fuites funeftes.

L'homme capable de méprifer les devoirs facrés de la nature, au point de faire accufer la mere par les enfans , & le frere par les fœurs, n'eft-il pas , à plus forte raifon, capable de maltraiter la mere & le fils , pour fervir les intérêts du Comte de Morangiés , & pour arracher d'eux des déclarations qui lui fuffent favorables ?

Au furplus, tous les faits dont on vient de rendre compte, à partir du moment où le fieur Defbrunieres a conduit la dame Romain & le fieur Dujonquay chez M^e le Chauve, font confignés dans la plainte rendue par addition à la requête de la dame Veron , le 21 Février dernier, & nous demandons permiffion d'informer fur tous ces faits.

Mais en fuivant ainfi Defbrunieres dans fes écarts , nous nous fommes en quelque forte éloignés de notre intérêt le plus cher ; retournons à la prifon, c'eft-là que l'innocence qui gémit nous rappelle.

La dame Romain & fon fils emprifonnés dans la nuit du 30 Septembre au premier Octobre , tentent d'abord des reffources qui leur échappent, & fe regardent bien-tôt comme abandonnés de la nature entiere.

L'accufation d'un homme de qualité comme le Comte de Morangiés, avoit fait naître une préfomption violente contre des gens que leur maniere de vivre n'annonçoit point comme en état de prêter 300000 livres ; mais les déclarations qu'on leur a fait figner, & que le Comte de Morangiés & fes émiffaires montrent à tous ceux fur-tout dont la dame Romain & fon fils réclament les fecours, aliénent d'eux tous les efprits.

Le Commiffaire Thierry lui-même qui avoit reçu la plainte de la dame Veron le 28 Septembre, qui devoit mettre à exécution l'Ordonnance du trente, pour la revendication des facs d'or chez le Comte de Morangiés, & qui l'auroit exécutée dans la foirée même du trente, fi le fieur Dujonquay avoit été en état de preffer fon fecours ; prévenu contre lui le lendemain premier Octobre, va feulement pour la forme jufqu'à la porte du Comte de Morangiés, & s'en revient.

La dame Romain & le fieur Dujonquay le requierent enfuite de fe tranfporter dans les prifons pour recevoir les proteftations qu'ils ont à faire contre les fignatures qui leur ont été arrachées, & il refufe de s'y tranfporter.

Ils auroient voulu fe faire vifiter par un Chirurgien, pour conftater l'état de leurs meurtriffures ; mais abandonnés par le Commiffaire même qui avoit reçu leur plainte, ils crurent à plus forte raifon, dans les alarmes où ils étoient, que ceux dont ils avoient le plus de befoin, étoient féduits ou gagnés pour leur refufer leur miniftere.

Cependant la dame Veron qui avoit déja rendu plainte dès le 28 Septembre contre le Comte de Morangiés, devant le Commiffaire Thierry, fçachant que ce dernier avoit refufé d'aller recevoir les proteftations de fes enfans à la prifon, rendit plainte le 3 Octobre devant le Commiffaire Chenu des manœuvres exercées par le Comte de Morangiés pour extorquer de la dame Romain & du fieur Dujonquay des déclarations contraires à la vérité du prêt.

Elle préfenta fa Requête auffi-tôt au fieur Lieutenant Criminel à fin de permiffion d'informer par addition des faits contenus dans cette nouvelle plainte, & par fuite des faits énoncés dans celle du 28 Septembre.

Il étoit naturel, il étoit même de regle, qu'étant alors feule plaignante, & ayant obtenu permiffion d'informer fur fa premiere plainte du 28 Septembre, il lui fût permis de faire informer par addition fur celle du 3 Octobre.

Mais les déclarations arrachées, & qu'on croyoit volontaires, avoient déja produit leur effet dans l'efprit des Officiers du Châtelet, & le Comte de Morangiés fe propofa bien de tirer de nouveaux avantages de l'erreur qu'il accréditoit ainfi.

Ce n'étoit point affez pour lui, d'avoir enlevé à une famille honnête une fomme de 300000 liv. qui formoit la totalité de fa fortune !

Ce n'étoit point affez pour lui d'avoir arraché, par des violences & les plus terribles menaces, de la dame Romain & du fieur Dujonquay, des déclarations qui, dans fon fyftême, puffent détruire les billets qu'il avoit faits au profit de la dame Veron !

Ce n'étoit point affez, après avoir obtenu tout ce qu'il fembloit défirer alors, de les avoir fait conduire en prifon, au préjudice de la liberté promife!

Le méchant, qui cherche à tromper fa confcience, veut encore jouir en paix des fruits de fon crime, & s'il ne lui faut qu'un attentat nouveau pour fa tranquillité, il eft prêt à le commettre.

Le fieur Dujonquay inquiete le Comte de Morangiés. Ce
jeune

jeune homme lui a écrit, le 26 Septembre, une lettre très-vive & remplie de menaces ; il doit avoir la pétulence de son âge, & le défespoir dans le cœur. Que va-t-il faire quand il fera en liberté ? Cependant il ne peut le retenir en prifon fans lui faire faire fon procès.

Le voilà donc déterminé à le pourfuivre, ainfi que fa mere, pour une efcroquerie de 327000 liv. en billets, & la peine qu'il va provoquer, fuivant nos Loix, relativement au chef d'accufation, doit être au moins le fouet, la marque & le banniffement.

Ce banniffement doit le défaire d'un ennemi dont la rencontre l'expoferoit à rougir fans ceffe, & dont la réclamation pourroit devenir dangereufe pour lui.

Le Comte de Morangiés, déterminé à lui faire fon procès, rendra-t-il plainte en fon nom perfonnel ? Non, il lui faut des témoins, & il n'en trouve point d'auffi propre à le bien fervir, que lui-même.

Il faut donc qu'il faffe rendre plainte par le Miniftere public, & qu'il fe faffe entendre comme témoin.

En conféquence le 4 Octobre il fit, chez le Commiffaire Chefnon, cet Officier même, chez lequel la dame Romain & le fieur Dujonquay avoient été conduits dans la nuit du 30 Septembre au premier Octobre, la déclaration que nous avons ci-deffus annoncée, & par laquelle il préfenta la dame Veron, le fieur Dujonquay & fa mere comme coupables d'une efcroquerie de 327000 liv. en billets fignés de lui.

Cette déclaration, qui a déja paru imprimée, porte avec elle la preuve de fa fauffeté, par les abfurdités & les inconféquences qu'elle renferme ; mais il auroit fallu pouvoir la lire fans prévention, & le jour de la vérité n'étoit point encore venu.

H

Sur cette déclaration, le Comte de Morangiés excite le zèle du Ministere public.

Le 8 Octobre le Ministere public rend plainte des faits qu’elle contient, & demande qu’il en soit informé à sa requête.

Le même jour intervint l’Ordonnance du Lieutenant Criminel, portant *soit fait ainsi qu’il est requis.*

Et le même jour encore, sans aucune information, la dame Romain & le sieur Dujonquay sont décretés de prise de corps.

Le Comte de Morangiés n’a pas eu de peine à se faire entendre comme témoin, ainsi qu’il l’avoit projetté ; l’information a été faite par le Commissaire même qui avoit reçu sa déclaration. L’on trouvera peut-être dans l’instruction, si l’on en croit quelques propos qui se sont répandus alors, que cet Officier a procédé vis-à-vis de lui avec bien des égards ; qu’il n’a pas voulu lui donner la peine de déposer lui-même en personne sur la plainte qu’il avoit fait rendre, & que ce Commissaire s’est contenté de faire copier, dans le procès-verbal d’information par son Clerc, en son entier, la déclaration du Comte de Morangiés du 4 Octobre ; cette information est encore composée de quelques Domestiques du Comte, dont le témoignage ne peut pas faire plus de preuve que le sien, dans une affaire qui lui est personnelle.

Il paroît que le Comte de Morangiés l’a senti ; en conséquence il a cherché à faire ressource, en faisant entendre, sur une addition d’information, ceux qui, le jour de la chartre privée, avoient coopéré aux déclarations arrachées à la dame Romain & au sieur Dujonquay, Me Lechauve, le sieur Dupuis, Inspecteur, & le sieur Desbruniers, son Commis ; & l’on pense bien que coupables eux-mêmes, l’un des violences exercées, les autres de n'avoir pas pris les tempéramens propres pour s'affurer de la vérité, ils ont cherché à diffimuler leurs torts, fans pouvoir diffimuler, que ce n'eſt qu'à la derniere extrêmité que la dame Romain & le ſieur Dujonquay ſe ſont déterminés à ſigner les déclarations.

Quant à ces derniers; autant on avoit cru devoir de faveur au Comte de Morangiés, autant on a penſé qu'on étoit en droit de leur faire ſouffrir d'humiliations & de cruautés.

Le ſieur Dujonquay, ce jeune homme bien né, pour l'éducation duquel on avoit rien négligé, que peu de tems auparavant ſa grand'mere avoit deſtiné à remplir une Charge honorable dans la Judicature, reçut l'affreuſe humiliation de ſe voir traîner, les mains liées avec une corde, à dix heures du matin, en préſence de toute une populace, des priſons du Fort-l'Evêque en celles du grand Châtelet, comme un de ces ſcélérats que la Juſtice dévoue pour victime à la vindicte publique, & dont le ſpectacle a pour objet d'effrayer les méchants.

Mais une épreuve plus cruelle encore attendoit la mere & le fils au grand Châtelet.

Quelques jours après leur arrivée, un homme à eux inconnu ſe préſenta pour les faire deshabiller; ignorant les formalités de la priſon, ils crurent, dans leur effroi, que l'autorité ſurpriſe preſſoit leur ſupplice, & qu'il étoit queſtion de les fouetter & marquer; ils ſe trompoient, on vouloit ſçavoir s'ils l'avoient été, s'ils avoient ſur l'épaule cette empreinte ineffaçable du crime & de l'ignominie.

Quelle ſituation pour des gens honnêtes, & qui ont toujours vécu ſans reproche!

Le témoignage d'une conſcience pure donne-t'il le courage de ſupporter patiemment une infamie pareille! & s'il eſt des momens où le cœur se déchire, brisé par la douleur, n'est-ce pas quand l'innocence est en but à toutes les humiliations du crime !

Le sieur Dujonquay & la dame sa mere ont été interrogés à différentes reprises par le sieur Lieutenant Criminel, mais malheureusement avec cet esprit de prévention, * qui prend la vérité, que l'innocence invoque, pour le mensonge, à la faveur duquel le crime cherche à se cacher.

Au premier interrogatoire du sieur Dujonquay, le Lieutenant Criminel fut étonné de lui entendre, dans ses réponses, tenir un langage aussi contraire à la déclaration signée de lui ; il prit la déclaration pour vraie, & les réponses pour fausses.

Il pensa qu'en aggravant, pour le sieur Dujonquay & pour sa mere, les horreurs de la prison, las d'une détention pénible, ce qu'il appelloit la vérité sortiroit de leur bouche, & qu'ils en reviendroient à avouer la sincérité des déclarations par eux signées chez le Commissaire Chesnon.

Il se trompa ; des surprises, des violences imprévues, des menaces terribles peuvent arracher, à l'imagination étonnée, au premier moment des déclarations fausses, pour se souftraire au joug de la tyrannie.

Mais quand ce premier choc est une fois passé ; quand l'ame a eu le tems de se replier sur elle-même, & de se demander compte de ses propres sensations ; quand le sentiment de l'honneur, qui se roidit contre la flétrissure, vient à l'appui de l'innocence, c'est alors que le courage s'augmente à raison des persécutions qu'il éprouve.

Après son premier interrogatoire, le sieur Dujonquay fut donc mis dans un cachot souterrein n°. 3, où il étoit seul.

---

* La prévention, comme l'a dit M. Daguesseau, dans une de ses harangues, est le seul écueil d'un Juge équitable.

On trouva apparemment qu'il y étoit trop bien, le soir il fut transféré dans un autre cachot où étoient trois scélérats endurcis dans le crime, qui insulterent à ses larmes, & qui voulurent l'associer à leurs propos impies.

L'odeur fétide qu'on respiroit dans ce cachot, la profonde douleur du sieur Dujonquay, le défaut de nourriture, qu'il se trouvoit dans l'impossibilité de prendre pendant quatre jours consécutifs, altérerent sa constitution au point qu'il devint enflé, qu'on fut obligé de le monter par dessous les bras pour lui faire subir un nouvel interrogatoire, & que le Conseiller qui l'interrogea ce soir-là à la place du sieur Lieutenant Criminel, ne pouvant se défendre d'un mouvement de compassion, lui donna la liberté du préau dont il jouit pendant quinze jours.

Il sembla bien-tôt qu'on n'avoit accordé cette douceur au sieur Dujonquay, que pour conserver une victime dont on se proposoit de faire un exemple.

Quand sa santé fut un peu rétablie, sur la fin du mois d'Octobre, il fut mis tout au haut des prisons au secret, dans une chambre sans feu, sans lumiere, & presque sans croisée, où il endura pendant plusieurs jours le froid considérable qu'il fit alors.

Il faut en convenir cependant, quelques temps après on le conduisit dans un endroit voûté, également au haut des prisons, qui ne reçoit de jour que par une lucarne infiniment petite.

Il y a, dans ce sinistre asile, des anneaux de fer très-forts, à quelque distance les uns des autres. Un jour, le sieur Dujonquay s'avisa de demander au Guichetier, qui lui apportoit son dîner, ce que signifioient ces anneaux qu'il voyoit placés? Il lui dit, avec une ingénuité grossiere, qu'il habitoit le cachot où avoit été détenu Cartouche, & que comme ce ſcélérat étoit très-violent, on l'attachoit avec des courroyes qui ſenoient à ces anneaux.

Alors le cœur de ce jeune homme ſe ſerra tout-à-coup, il devint pâle & tremblant, il tomba ſur ſa chaiſe, & le Guichetier, malgré la dureté habituelle de ſon emploi, ne put ſe diſpenſer de le ſecourir & de le plaindre.

Tous ces faits ſont dans la plus exacte vérité ; ils ſont conſignés dans la plainte de la dame Veron du 21 Février dernier, & toutes les fois que le ſieur Dujonquay étoit mis au cachot, la dame Romain, ſa mere, étoit miſe au ſecret.

Les impreſſions de ces horreurs ne ſont point effacées du cœur du ſieur Dujonquay ; ſon ſang s'en eſt aigri : une dartre vive de la plus grande malignité lui ronge une partie du corps. Il eſt dans un état de maladie habituelle, & il n'a plus déformais que deux ſouhaits à former, ou celui de la mort comme la fin de ſes peines, ou celui de la réparation qui lui eſt due, ainſi qu'à ſa famille entiere.

Mais reprenons l'ordre de la procédure. Ces précautions ſi dures, pratiquées contre la mere & le fils dans l'eſpérance qu'ils ſe déſiſteroient des réponſes conſignées dans leurs premiers interrogatoires, ne produiſirent pas l'effet qu'on en attendoit. La mere & le fils, ſans aucune communication entr'eux, reſterent également fermes dans la vérité qui leur ſervoit de guide. Cependant la prévention ſe ſoutint.

Dans cet intervalle la dame Veron ſollicita inutilement la permiſſion par elle demandée d'informer ſur les faits contenus dans ſa plainte du 3 Octobre, qui avoient pour objet d'établir les manœuvres pratiquées pour arracher du ſieur Dujonquay & de la dame Romain les déclarations qu'on leur avoit fait ſigner.

Sur fa Requête fut rendue une Ordonnance du 12, portant *foit montré au Procureur du Roi.*

Le Procureur du Roi conclut *à ce que la Plainte & la Requête fuſſent joints à l'inſtruction du Procès encommencé par lui.*

Et le 14 Octobre intervint l'Ordonnance du fieur Lieutenant Criminel conforme à fes Conclufions.

La dame Veron préfenta une autre Requête le 20 Novembre, par laquelle elle demanda que le Commiſſaire Thierry fût autorifé à fe tranfporter dans la prifon, pour recevoir les dépofitions de la dame Romain & du fieur Dujonquay, fur la Plainte par elle rendue le 28 Septembre, & qu'il lui fût permis d'informer par addition des faits contenus en la Plainte du 3 Octobre.

Sur cette nouvelle Requête le Procureur du Roi conclut à ce qu'avant faire droit, l'information du Commiſſaire Thierry, du 28 Septembre, fût apportée; & le 23 Novembre eft intervenu une feconde Ordonnance également conforme à fes conclufions.

D'après cette maniere de procéder, il eft aifé de voir qu'on ne vouloit donner aucun effet aux Plaintes rendues par la dame Veron, quoiqu'elle fût la premiere plaignante, quoiqu'elle eût obtenu permiſſion d'informer fur la plainte du 28 Septembre, quoique cette Plainte eût été fuivie d'information; quoiqu'enfin par cette information la vérité du prêt dont il s'agit ici eût été établie par la dépofition de plufieurs témoins, ainfi qu'on le démontrera dans les moyens.

Le joug de la prévention s'appefantiſſoit ainfi fur la dame Romain & fon fils, au préjudice des regles les plus connues, & peut-être en euſſent-ils été bien-tôt les victimes dans l'état d'abandon où ils étoient, fi un Citoyen ferme & vertueux, aujourd'hui calomnié par le Comte de Morangiés, n'eût entendu leurs plaintes & n'eût fixé l'attention des Magiſtrats ſouverains ſur les cris de l'innocence gémiſſante au fond des cachots ; leur ſenſibilité s'en eſt émue. Ils ont voulu connoître à l'inſtant par eux-mêmes & le procès dans tous ſes détails , & les parties ſous tous leurs rapports.

Un premier Arrêt de la Cour , du 28 Novembre dernier , reçut la dame Romain & ſon fils appellans de toute la procédure récriminatoire contr'eux faite à l'inſtigation du Comte de Morangiés , ordonna l'apport de toutes les minutes , & la tranſlation des Accuſés dans les priſons de la Conciergerie du Palais.

Un autre Arrêt , du même jour , reçut la dame Veron appellante des Ordonnances de jonction , qui avoient empêché la ſuite de l'inſtruction encommencée à ſa requête , & ordonna que ſes Plaintes & Informations ſeroient apportées au Greffe de la Cour.

Toutes ces piéces & procédures ayant été miſes ſous les yeux des Magiſtrats ſouverains, la dame Romain & ſon fils ſentirent renaître leur confiance. Ils demandcrent leur élargiſſement proviſoire ; & après un examen très-ſérieux , la Cour l'ordonna par Arrêt du 16 Décembre dernier.

Il ne faut pas oublier de rappeller ici une démarche bien propre à convaincre de plus en plus l'innocence de ces Citoyens malheureux.

Après avoir demandé leur liberté proviſoire , ils penſerent que cette demande pourroit peut-être préjudicier à leurs intérêts & à la ſûreté des réparations qui leur ſont dues ; que l'objet du procès réſidoit dans la queſtion de ſçavoir ſi le Comte de Morangiés étoit coupable de l'infidélité qu'on lui reprochoit , ou ſi la dame Romain & ſon fils étoient coupables de lui avoir eſcroqué pour trois cens vingt-ſept mille
livres

livres de billets; que dans une pofition pareille l'accufation, érant également grave d'un & d'autre côté, la dame Veron auroit peut-être mauvaife grace à prétendre que le Procès fût fait au Comte de Morangiés fur fes Plaintes en état de prife-de-corps, quand eux connus accufés par le Comte de Morangiés, jouiroient de leur liberté.

Cette réflexion leur fit faire des vœux contre la demande afin d'élargiffement provifoire qu'ils avoient formée, & le jour même que cette demande fut rapportée, ils remirent à chacun de leurs Juges des Placets, par lefquels ils les prioient de les laiffer en prifon, dans l'efpérance que le Comte de Morangiés y feroit bientôt avec eux; que placés plus près de leur ennemi, ils en auroient plus de facilité pour le confondre, & que la vindicte publique affurée par-là de fes victimes, fçauroit enfin fur qui fes coups devoient porter.

A cette démarche, la Cour a reconnu la noble fermeté de l'innocence, & le dévouement généreux de la dame Romain & de fon fils, à la prolongation de leur captivité, a été un motif de plus pour rompre auffi-tôt leurs chaînes.

A peine ont-ils été mis en liberté, qu'ils ont été chez un Commiffaire renouveller les proteftations déja faites par leurs interrogatoires contre les fignatures qu'on leur avoit arrachées dans la nuit du 30 Septembre au 1er Octobre.

Dans une pofition pareille, nous avons été étonnés de voir le Comte de Morangiés aveuglé par des confeils dangereux, auxquels, fans doute, il cache le fond de fon cœur, avoir l'air de preffer lui-même le jugement de cette affaire, & nous déclarer, par acte du 30 Décembre dernier, qu'il entendoit fe rendre Partie civile, après avoir dit dans la déclaration du 4 Octobre, chez le Commiffaire Chefnon, qu'il n'entendoit pas l'être.

I

La dame Veron , premiere Plaignante , premiere Accuſa-trice contre le Comte de Morangiés , a demandé , par ſa Requête du 21 Février dernier , qu'en faiſant droit ſur ſes appels des Ordonnances de jonction , elle fût pareillement reçue appellante de toute la procédure extraordinaire faite contre la dame Romain & le ſieur Dujonquay ; que cette pro-cédure fût déclarée nulle , & que néanmoins les Interroga-toires ſubis par la Dame Romain & le ſieur Dujonquay , reſteroient au procès , comme ſervant à établir leurs proteſta-tions contre les violences & les circonſtances du prêt.

La dame Veron , par cette Requête , en expliquant ſa Plainte du 3 Octobre , relative aux manœuvres pratiquées pour arracher de la dame Romain & du ſieur Dujonquay des déclarations contraires à la vérité du prêt , a articulé les principales circonſtances de ces manœuvres , & a demandé qu'il lui fût permis d'informer ſur ces objets par addi-tion.

Quant à la dame Romain & au ſieur Dujonquay , ils ont également demandé ſur leurs appels de la procédure extraor-dinaire contr'eux intentée au Châtelet de Paris , la nullité de cette même procédure ; que leur élargiſſement proviſoire fût déclaré définitif , ſous la réſerve des dommages & in-térêts immenſes qu'ils auroient à répéter en définitif relati-vement aux vexations inouies dont ils ont été les victimes.

C'eſt dans cet état que les plaidoieries de la Cauſe ſe ſont engagées , & que la dame Veron eſt morte après avoir fait un Teſtament , par lequel elle a confirmé la vérité du prêt de la maniere la plus authentique.

Le ſieur Dujonquay , ſon petit-fils , inſtitué par ce Teſta-ment ſon légataire univerſel & la dame Romain ſon héri-tiere légitimaire , ont repris en ſon lieu & place les Plaintes

par elle rendues & les demandes par elle formées , & ils con-
cluent à ce que le procès foit fait & parfait au Comte de
Morangiés à leur requête.

M O Y E N S.

Tels font les faits de cette Caufe étonnante. Il n'eſt point
de Leêteur accoutumé à quelque réflexion qui n'y voie le
Comte de Morangiés déja convaincu de la plus deshono-
rante infidélité , & de la perfécution la plus coupable ; mais
il importe à l'honnêteté publique autant qu'à la dame Romain
& fon fils , que cette vérité foit mife dans tout fon jour.

Pour y parvenir , dans la premiere partie de cette difcuffion , nous établirons la réalité du prêt de 300000 livres
fait au Comte de Morangiés.

Dans la feconde , nous examinerons la monftrueufe procédure que le Comte de Morangiés a fufcitée à fes légitimes
Créanciers. Nous ferons voir que cette procédure eft nulle ,
récriminatoire , & que les feules plaintes juftes & régulieres,
font celles de la dame Veron , reprifes par fes repréfentans;
d'où naîtra la conféquence que le Comte de Morangiés doit
demeurer accufé , loin de s'ériger en accufateur.

Quand ces deux vérités feront établies , comme elles vont
l'être , qui pourra , en les rapprochant des faits , ne pas s'at-
tendrir fur une famille innocente & opprimée , & n'être pas
faifi d'indignation contre fon perfécuteur?

PREMIERE PARTIE.

Les 300000 livres ont été réellement prêtées par la Dame Veron au Comte de Morangiés

C'est là , sans contredit, le point essentiel. Si le prêt est démontré , il est évident que la conduite du Comte de Morangiés n'offre plus que des torts immenses à réparer , & des crimes à punir.

Pour l'établissement de cette vérité précieuse , nous diviserons nos moyens en différens paragraphes.

Nous ferons voir que nous avons en notre faveur, 1°. les titres ; 2°. les preuves morales les plus fortes ; 3°. l'information de la dame Veron ; 4°. les interrogatoires de la dame Romain & de son fils ; 5°. les Lettres jointes au procès ; 6°. la dénonciation même du Comte de Morangiés ; 7°. la déclaration de la dame Veron au lit de la mort.

Cette discussion n'exigera pas une grande étendue : elle est préparée d'avance par le récit des faits.

§ Ier.

Preuves littérales.

Nous rapportons la plus forte preuve que l'usage , la raison & les Loix exigent relativement à un fait de la nature de celui dont il s'agit ici. La seule preuve que la dame Veron ait été dans le cas de se procurer , la seule dont la sincerité & la force ne puissent être contredites, ce sont les billets du Comte de Morangiés. Ces billets ne sont pas seulement signés de lui , il les a écrits en totalité de sa main : il s'y est obligé de payer à *Madame Marie-Anne Regnaut, veuve en secondes noces de feu sieur Marie-François Veron, Banquier à Paris,* ou à son ordre, le montant des billets : il a reconnu qu'il en avoit *reçu la valeur comptant de ladite Dame,* il a encore ajouté de sa main, à la suite de chaque billet, *bon pour telle somme,* qui est celle dont le billet contient sa reconnoissance.

Or, on le demande à tous les Négocians, à tous les Gens d'affaire, aux Citoyens de tous les ordres, chacun d'eux ne se croit-il pas en sûreté lors qu'il a contre son débiteur un titre pareil ? N'est-ce pas sur des actes ainsi conçus que porte la circulation journaliere du commerce & la fortune d'une multitude de familles ? Enfin, tous les Magistrats & les Jurisconsultes ne s'accordent-ils pas à répondre, que la reconnoissance & la signature d'un majeur forme contre lui le titre le plus complet & le plus irréprochable ?

En effet, on a senti de tout temps combien il étoit nécessaire d'assurer aux actes une foi pleine & absolue. Les Loix Romaines ne permettoient pas la preuve testimoniale contre une preuve écrite *. Le même principe est consacré par nos Ordonnances avec encore plus de précision & d'énergie ; & sans remonter aux plus anciennes, on s'en tiendra à celle de 1667, qui en a réuni & confirmé les dispositions : elle ne se contente pas d'ordonner, art. 2 du tit. 20, qu'*il sera passé des actes pardevant Notaires, ou sous signature privée de toutes choses excédant la somme ou valeur de* 100 *livres ;* elle défend expressément de recevoir *aucune preuve par témoins contre & outre le contenu en ces actes ;* elle a voulu prévenir toutes les ruses, tous les subterfuges que pourroit imaginer un débiteur de mauvaise foi pour revenir contre sa reconnoissance.

Quel désordre ne seroit-ce pas en effet s'il en étoit autre-

* Loi 1. au Code *de restit.*

ment ? Les billets , les actes mêmes pardevant Notaires, ne feroient plus rien. Un débiteur, en niant les caufes de l'obligation, rameneroit tout à l'incertitude de la preuve teftimoniale.

L'atteftation du débiteur ne doit-elle pas l'emporter fur toute autre preuve ? Elle eft la plus précife, parce qu'elle eft donnée dans le moment même ; elle n'eft pas fufceptible d'erreur, parce que celui qui reconnoît avoir reçu, ne peut pas être trompé fur un fait auffi fimple, à lui perfonnel ; elle eft la plus sûre, parce qu'il ne peut pas être féduit & corrompu contre lui-même.

Voilà le fondement de la difpofition des Ordonnances.

Une plainte, une information, introduites en pareil cas, pour fe procurer des preuves teftimoniales, ne peuvent jamais être envifagées que comme des détours imaginés pour fe fouftraire à l'autorité des régles ; la voie extraordinaire ne peut être admife contre des titres que dans les cas prévus par nos Ordonnances pour l'infcription de faux. Et s'il en étoit autrement, à la faveur de témoins corrompus, les actes les plus folemnels pourroient être détruits ; il n'y auroit plus rien de ftable dans les propriétés & dans les fortunes.

OBJECTION.

Mais, dit le Comte de Morangiés , fi les billets font preuve littérale pour la vérité du prêt, ils font détruits par d'autres preuves littérales & contraires, qui font les déclarations faites chez le Commiffaire Chefnon par la dame Romain & par fon fils.

RÉPONSE.

Ce raifonnement a pu faire quelqu'illufion ; mais le preftige fera bien-tôt diffipé.

Nous allons établir en premier lieu , que ces déclarations font l'ouvrage de la crainte & de la violence.

En second lieu , qu'elles portent avec elles la preuve de leur fausseté.

Nous disons que ces déclarations sont l'ouvrage de la crainte & de la violence.

Et d'abord, les billets ont été faits dans des circonstances bien différentes que les déclarations ; les billets sont écrits en totalité de la main du Comte de Morangiés, & les déclarations sont seulement signées de la dame Romain & le sieur Dujonquay. Les billets ont été faits en pleine liberté ; le Comte de Morangiés n'en disconvient pas ; & les déclarations ont été signées dans la nuit du 30 Septembre, à onze heures du soir au moins, chez le Commissaire Chesnon, par une mere & son fils, qui étoient depuis sept heures & demie sous le joug de l'autorité, accompagnés d'un Inspecteur, de son Commis, de deux autres Assistans de l'Inspecteur, & du Comte de Morangiés lui-même.

2°. La surprise que le Comte de Morangiés prétend lui avoir été faite de ses billets, n'est pas vraisemblable ; on ne présumera pas qu'un Officier Général, âgé de quarante-cinq ans, ayant l'expérience des affaires , ait remis pour 327000 livres de billets , signés de lui , sans en tirer de reconnoissance, à un jeune homme de vingt-cinq ans, qu'il n'avoit vu, pour la premiere fois, que huit jours auparavant, ainsi qu'il le dit lui-même dans sa déclaration du 4 Octobre.

Mais on présumera très-aisément au contraire, que le Comte de Morangiés faisant conduire en maison tierce, par des Agents de la Police, la dame Romain & son fils, pour tirer d'eux des déclarations contraires au contenu dans ses billets, aura profité de toutes les facilités qu'il pouvoit avoir pour leur faire donner l'impulsion la plus forte & la plus vive, afin d'arracher d'eux ce qu'il désiroit.

3°. Le fait de la chartre privée eſt conſtant & prouvé*. Le ſieur Dupuis, Inſpecteur, que le Comte de Morangiés a fait entendre en dépoſition, a dû déclarer que la dame Romain & ſon fils avoient été conduits chez M^e le Chauve par le ſieur Deſbrunieres, ſon Commis, entre trois & quatre heures du ſoir le 30 Septembre, & la déclaration qu'on a fait ſigner à la dame Romain chez le Commiſſaire Cheſnon, eſt datée de onze heures du ſoir : voilà donc un intervalle de ſept heures & demie, pendant lequel la dame Romain & ſon fils ont été détenus en chartre privée. Qu'a-t-on donc fait d'eux pendant tout ce tems ? Si l'on vouloit demander à chacun ſéparément comment le prêt dont il s'agit avoit été fait, la choſe auroit été bientôt terminée. De quelle maniere cet eſpace de tems ſi long a-t-il donc été rempli, ſi ce n'eſt pas par les menaces, les ſurpriſes, les violences, & par ces vexations inouies dont nous avons donné les principaux traits dans le récit des faits, & qui ont été articulés par la nouvelle plainte de la dame Veron du 21 Février dernier ?

4°. Le ſieur Deſbrunieres eſt convenu lui-même dans ſa dépoſition, ſuivant ce que nous avons appris, avoir menacé la dame Romain & ſon fils, de la priſon, s'ils ne déclaroient pas que les 300000 livres n'avoient point été fournies au Comte de Morangiés ; & qui pourroit douter qu'on les a au moins menacés du cachot, s'ils ne déclaroient pas, quand on voit qu'ils ont été conduits en priſon, même après avoir ſigné les déclarations qu'on exigeoit d'eux ? Auſſi le défenſeur du Comte de Morangiés, dans ſa plaidoierie, a-t-il éprouvé beaucoup d'embarras, ſur-tout dans cette partie de la Cauſe ; il a tâché de juſtifier Deſbrunieres, en diſant qu'il avoit regardé la dame Romain & ſon fils comme coupables, & qu'il avoit fait ce qui avoit dépendu de lui pour leur inſpirer une *frayeur* ſalutaire.

Dans

Dans l'Imprimé de cette Plaidoierie, il a fubftitué, à la vérité, le mot *repentir* à celui *frayeur* ; mais perfonne ne prendra le change fur cette modification adroite : or, ces menaces de la prifon, des cachots, feroient feules capables d'anéantir les Actes. La Loi premiere, au Code *quod metus causâ*, déclare nul tout ce qui a été fait par la force ou par la crainte : toute crainte capable d'ébranler un homme raifonnable, produit une nullité abfolue : *Metus cadens in conftantum virum*. Et les menaces de la prifon font mifes par la Loi 22, au nombre des motifs de cette crainte.

5°. On ne s'en eft point tenu à menacer la dame Romain & fon fils des cachots, s'ils ne fignoient pas ; les furprifes & les mauvais traitemens ont été employés ; & le fait eft fi conftant, que le fieur Defbrunieres a eu la témérité de s'en vanter lui-même, ainfi que la preuve en doit être acquife par l'information faite à la requête de la dame Veron. Et comment, indépendamment de ces preuves, ne feroit-il pas envifagé comme coupable de ces mauvais traitemens, quand on voit qu'il a porté la perfidie & l'audace jufqu'à vouloir faire écrire par la demoifelle Dujonquay & les deux demoifelles Romain, une lettre au fieur Lieutenant de Police, par laquelle, fous prétexte de demander grace au Magiftrat, il faifoit accufer, par elles, leur mere & leur frere d'avoir efcroqué 327000 livres en billets au Comte de Morangiés ; lettre abominable, qui outrage la vérité & les devoirs facrés de la nature, dont elles fe font bien gardé de faire l'ufage qu'on vouloit leur fuggérer, & qu'elles ont foigneufement confervée pour porter témoignage contre Defbrunieres ?

Nous avons donc des preuves affez puiffantes au moment actuel, pour faire déclarer nuls les actes du 30 Septembre, fur le fondement de la crainte, de la violence qui les ont produits,

K

& pour demander la reſtitution des 300000 livres contenues aux billets, ſi nous avions conclu à l'évocation du principal; mais ces vexations, ces violences, ces menaces terribles ſont de nouveaux délits dont la dame Romain & ſon fils n'entendent point faire grace à leur Adverſaire; ils ſont l'objet d'une plainte rendue par la dame Veron, dès le 3 Octobre, trois jours après qu'ils ont été commis, avant même que ni le Comte de Morangiés ni le Procureur du Roi du Châtelet ayent fait aucuns actes d'inſtruction. Et les repréſentans de la dame Veron demandent la permiſſion d'inſtruire ſur ces faits dans toute la rigueur des Ordonnances.

Seconde Proposition. Nous avons dit, en ſecond lieu, que ces déclarations du 30 Septembre portoient avec elles la preuve de leur fauſſeté; & c'eſt ce que nous allons démontrer ici.

1°. Un particulier qui va librement & volontairement chez un Commiſſaire pour y faire une déclaration, n'y prête point ſerment; auſſi le Comte de Morangiés ne l'a-t-il point prêté dans la déclaration qu'il a faite chez le Commiſſaire Cheſnon, le 4 Octobre : pourquoi donc a-t-on inféré une preſtation de ſerment dans les déclarations reçues par le même Commiſſaire, & qu'on a fait ſigner à la dame Romain & à ſon fils? Si les déclarations étoient libres, il n'en falloit pas; ſi elles étoient l'ouvrage de la contrainte, elles ſont nulles : pourquoi donc ici l'énonciation d'une preſtation de ſerment, ſi ce n'eſt pour donner plus de poids aux déclarations qu'on arrachoit? *Nimia precautio dolus.*

2°. On fait déclarer au jeune Dujonquay, que ce n'étoit point la dame Veron qui devoit fournir le contenu dans les billets, mais une Compagnie; allégation prouvée fauſſe par les billets mêmes, puiſqu'ils ſont faits au profit de *Marie-Anne Regnaut, veuve de Marie-François Veron, Banquier.*

En effet, de deux chofes l'une, ou le Comte de Morangiés connoiſſoit cette prétendue Compagnie qui devoit fournir les fonds, ou il ne la connoiſſoit pas ; s'il la connoiſſoit, il devoit faire ſes billets au profit de cette Compagnie ; s'il ne la connoiſſoit pas, il devoit faire ſes billets au porteur, ou laiſſer le nom du créancier en blanc, comme il arrive jour-nellement dans le commerce, lorſque l'on met ſes billets ſur la place pour trouver des fonds.

Ici les billets ſont faits au profit de la dame Veron ſeule; ils ſont faits chez elle, le Comte de Morangiés en convient : il n'a donc eu aucun prétexte pour lui remettre ſes billets, ou à ſon petit-fils, ſans en recevoir la valeur; c'étoit donc elle ſeule qui devoit la fournir & qui l'a fournie, puiſqu'il a re-connu l'avoir reçue d'elle.

Dira-t-il que ces billets ſont ſtipulés payables à la dame Veron ou à ſon ordre, & que par conſéquent la dame Veron pouvoit paſſer cet ordre à la Compagnie pécunieuſe qui devoit fournir les fonds à ſix pour cent d'intérêt ? Mais ceci ne préſente qu'une nouvelle abſurdité ; dans cette ſuppoſition la dame Veron paſſant l'ordre de ſes billets à cette prétendue Compa-gnie, ſe feroit rendue caution du Comte de Morangiés pour 327000 liv. puiſque l'engagement de l'endoſſeur eſt ſolidaire avec celui du tireur. Or, à propos de quoi la dame Veron ſe feroit-elle, ſans aucun intérêt, rendue caution d'un homme qu'elle ne connoiſſoit pas, & pour un engagement qui auroit abſorbé la totalité de ſa fortune ?

3°. On fait dire encore au ſieur Dujonquay, dans cet acte, que les billets étoient alors dépoſés chez le Commiſſaire Thierry, *& annexés à une déclaration faite au nom de la dame Veron, pour parvenir au recouvrement de la ſomme de 1200 livres donnée au ſieur Comte de Morangiés.* Ce ſont les termes de l'acte,

Cette énonciation préfente l'idée que la dame Veron , par une déclaration faite chez le Commiffaire Thierry annexée à fes billets , avoit réduit à une fomme de 1200 livres la créance réfultante de ces mêmes billets.

Or , cette fuppofition n'eft-elle pas de la plus indécente fauffeté , puifqu'il eft certain au contraire , non-feulement que les billets n'étoient point alors chez le Commiffaire Thierry , mais encore , qu'au lieu d'une déclaration chez cet Officier , portant réduction de la créance de la dame Veron à 1200 livres, elle avoit rendu le 28 Septembre une plainte chez ce même Commiffaire en efcroquerie de 300000 livres contre le Comte de Morangiés ?

Il réfulte de-là que le jeune Dujonquay n'a eu aucune part à cette rédaction , & cela eft fi conftant , que dans ce même acte on lui fait qualifier la dame fa mere de veuve Dujonquay , quoiqu'il y ait plus de vingt ans qu'elle foit mariée en fecondes noces au fieur Romain.

Ainfi ces déclarations prouvent elles-mêmes par leur contenu , qu'elles font le fruit d'une intrigue ténébreufe , produit dans le tumulte & la précipitation , & qui porte avec lui le caractere de la plus infigne fauffeté.

De pareils actes ne font donc rien moins que propres à détruire les billets ; par conféquent les titres fubfiftent dans toute leur force.

§. I I.

Preuves morales.

Il faut de deux chofes l'une , ou que le Comte de Morangiés foit coupable de l'infidélité qu'on lui impute , ou que le jeune Dujonquay foit coupable de lui avoir efcroqué pour 327000 l. de billets.

Examinons l'un & l'autre délits, & voyons lequel est le plus probable.

Le Comte de Morangiés, en l'envisageant comme coupable, aura profité de l'ascendant que son rang, son âge, son extérieur lui donnoient sur un jeune homme sans expérience, pour se faire prêter une somme de 300000 livres appartenante à la dame Veron sa grand'mere.

Il annonce lui-même dans sa déclaration faite le 4 Octobre chez le Commissaire Chesnon, qu'il cherchoit 50000 liv. à emprunter, c'est déja une espèce de délit qu'il avoue; car comment a-t-il pu s'assurer qu'il pourroit exactement les rendre quand il les auroit une fois employées? Il a une grande fortune, dit-il; mais nous voyons que par le contrat qu'il a fait en Février 1768, il a abandonné la totalité de ses biens à ses créanciers en toute propriété, sous la seule réserve d'une pension modique; il prétend que les biens par lui abandonnés excédent en valeur le montant de ses dettes; mais c'est le langage de tous débiteurs, mais il obtient des Arrêts de surséance, mais il emprunte sur gages (1); il est aisé de sentir que dans une position pareille, il ne pouvoit se faire prêter 300000 livres que par quelqu'un qui ne connoissoit pas l'état de ses affaires, & qu'il tromperoit sur sa situation.

Voilà donc déja ce qu'il a voulu faire. Une courtiere lui amene un jeune homme, à ce qu'il dit lui-même dans sa déclaration, comme le petit-fils d'une femme fort riche en état de lui faire prêter par sa grand'mere une somme considérable.

---

(1) 9 Août 1771, sauf-conduit par lui obtenu dans l'état annexé à son contrat d'abandon de 3600 livres en argenterie & effets en gages.

Contestation en la Grand'Chambre avec le nommé Poinsinot, prêteur sur gages, relativement à un autre prêt.

Il fera en contradiction avec fes propres projets, où il lui vantera fa fortune, il lui promettra fa protection, & preffera le prêt autant qu'il dépendra de lui.

Le jeune homme flatté d'un accueil favorable, engagera fa grand'mere; le prêt fe confommera; le Comte de Morangiés n'aura pas intention d'abord de nier le prêt, du moins vis-à-vis des prêteurs, nous nous plaifons à le croire; & il lui étoit peut-être même indifférent fous ce premier apperçu de le nier ou de l'avouer, parce qu'à l'échéance de fes billets il pouvoit renvoyer les prêteurs à fa direction.

Mais il voudra tenir le prêt fecret à fes créanciers pour n'être point gêné par eux fur l'ufage qu'il fe propofe de faire de la fomme empruntée.

En conféquence, il nie le prêt à la Charmet fur la difcrétion de laquelle il ne peut pas compter, ainfi qu'il paroît par la lettre qu'il lui a écrite le 26 Septembre; il le nie également à Monvoifin, qui, le lendemain des billets foufcrits, va lui demander de l'argent, ainfi qu'il le dit lui-même dans fa déclaration du 4 Octobre.

Toute cette conduite eft conféquente à la pofition dans laquelle fe trouvoit le Comte de Morangiés.

Le fieur Dujonquay, inftruit de la dénégation foutenue de ce prêt par la lettre écrite à la Charmet; inftruit à l'inftant même, par elle-même, du mauvais état de fes affaires, voit qu'il a été trompé, & que toute la fortune de fa famille eft dans le plus grand danger. Il écrit le vingt-fix au Comte de Morangiés, dans la chaleur du reffentiment, une lettre que ce dernier trouve offenfante.

Il eft encore plus offenfé de ce qu'on ofe le menacer du Magiftrat de Police, & de le pourfuivre; enfin, fon reffentiment éclate, lorfqu'il apprend que la dame Veron a rendu

plainte contre lui le 28 Septembre. C'eſt alors qu'en ſe mé-
nageant une vengeance , il cherche à mettre ſon honneur à
couvert , & fixe ſon attention ſur les voyes qu'il croit les plus
promptes & les plus propres à étouffer les plaintes d'adver-
ſaires obſcurs , en formant le projet d'arracher d'eux des déclarations contraires à la vérité du prêt , & de les écraſer du
poids de ſon crédit. Cette conduite eſt bien coupable ſans
doute ; mais elle eſt dans l'ordre des paſſions humaines , en
partant de la poſition où ſe trouvoit le Comte de Morangiés ,
& du reſſentiment par lui conçu.

Suppoſons , au contraire , Dujonquay coupable d'avoir eſcroqué pour 327000 livres de billets au Comte de Morangiés ,
& dans cette hypothèſe on va voir les abſurdités ſe multiplier
à chaque pas.

1°. Comment un jeune homme de vingt-cinq ans , à Paris
depuis vingt mois , n'ayant ni appui ni intrigues , auroit-il pu
former le projet d'enlever pour 327000 livres de billets à un
Officier général , au gendre d'un Duc , à un homme qui a des
amis , du crédit & de l'autorité ? n'auroit-il pas été au premier
inſtant effrayé lui-même des ſuites d'un complot pareil ?

2°. Si ce jeune homme , à qui , juſques ici , on n'a pas eu le
plus leger reproche à faire , avoit oſé tout-à-coup franchir l'intervalle immenſe qui ſe trouve entre l'innocence & la ſcéléra-
teſſe ; comment ſa grand'mere , âgée de quatre-vingt-huit ans ,
femme irréprochable dans ſes mœurs , & du nom de laquelle
il auroit voulu ſe ſervir , ne l'auroit-elle pas arrêté au bord du
précipice ? ſa mere , ſes ſœurs auroient-elles voulu s'expoſer à
y périr avec lui ? Car , qu'on y faſſe bien attention , d'un côté
il ne faut qu'un coupable , de l'autre il faudroit qu'une famille
entiere le fût.

3°. Quand un eſcroc de profeſſion tend des piéges à quelqu'un, il combine fans doute fes démarches de maniere à en retirer de l'utilité ; & s'il voit d'un côté du danger pour fa perfonne, il faut qu'il envifage de l'autre un bénéfice certain en cas de réuffite ; il réfulte de-là que les efcrocs ne furprennent des billets, fur-tout pour des fommes confidérables, qu'à des gens dont ils feront fûrs d'être payés fi leur trame profpere, & fous ce point de vue l'on conçoit aifément qu'ils ne feront pas tentés d'efcroquer 327000 l. de billets à un homme qui a fait l'abandonnement total de fes biens à fes créanciers, & qui obtient des Arrêts de furféances pour fe fouftraire aux contraintes par corps réfultantes de fes nouveaux engagemens.

4°. Comment s'y prend un homme infidéle qui a furpris des billets dont il n'a point fourni la valeur ? Il couvre fes manœuvres du voile du myftere, il refte dans l'inaction la plus profonde jufqu'aux approches de l'échéance ; c'eft alors qu'il livre les billets à la circulation du commerce, ou qu'il en fait demander le payement par des perfonnes affidées auxquelles il en paffe l'ordre, afin qu'on ne puiffe oppofer aux porteurs les moyens qu'on auroit pu faire valoir contre lui-même.

Le jeune Dujonquay a tenu une conduite bien différente. C'eft lui qui agit, quoiqu'il ait les billets, & que ces billets foient loin d'écheoir. Celui qui prétend les avoir donnés fans en recevoir la valeur, refte au contraire tranquille ; c'eft le jeune Dujonquay qui court faire retentir les Bureaux de la Police de fes plaintes, le 26 Septembre, d'après la lettre que lui remet la Charmet contenant la dénégation du prêt, & l'aveu qu'elle lui fait du mauvais état de fes affaires ; & le Comte de Morangiés au contraire, à qui cette femme, le 25 Septembre, demande fon droit de courtage, comme rendue certaine de la vérité du prêt par la dame Veron & fa famille ne conçoit aucune inquiétude, & ne vient point demander de reconnoiffance

de

de ses billets ; c'est la dame Veron qui rend plainte le 28 Septembre contre le Comte de Morangiés en escroquerie de 300000 livres en or ; & c'est ce dernier qui, dans sa déclaration faite chez le Commissaire Chesnon le 4 Octobre contre la dame Romain & Dujonquay pour servir de dénonciation sur l'escroquerie des billets qu'il leur impute, traite les choses si indifféremment, qu'il déclare ne vouloir point se rendre partie civile.

5°. La dame Veron ne s'en étoit pas tenue à rendre plainte le 28 Septembre ; elle avoit présenté Requête le même jour pour avoir permission d'informer, & de saisir & revendiquer chez le Comte de Morangiés les sacs d'or étiquetés de la main de son fils qui y avoient été portés le vingt-trois : or, est-il concevable qu'elle eût formé une pareille demande avec la certitude de ne point trouver ces sacs chez le Comte de Morangiés, & de fournir ainsi des armes contre elle-même ? *

6°. Si le jeune Dujonquay & sa mere avoient été coupables, après les déclarations qu'on leur a arrachées chez le Commissaire Chesnon dans la nuit du 30 Septembre, comment auroient-ils pu se flatter de pouvoir revenir sur leurs pas ? Sans crédit, sans protection, sans secours, victimes d'une prévention cruelle, l'un détenu au cachot, l'autre au secret, sans aucune communication entre eux, auroient-ils pu espérer de trouver une issue à leurs infortunes, si la vérité ne leur avoit servi de guide, & s'ils n'avoient eu le courage de l'honneur & de l'innocence ?

7°. Enfin, si le sieur Dujonquay eût été coupable de cette infidélité, de quelle maniere se seroit-il défendu dans les pri-

---

* Le Comte de Morangiés a cherché à se prévaloir de ce que cette Ordonnance n'avoit pas été exécutée, nous en avons fait pressentir la raison dans le récit des faits ; & si l'on veut en sçavoir davantage, il faut interroger le Commissaire Thierry qui étoit chargé de cette exécution.

L

fons ? Il auroit cherché les réponfes qui auroient donné le moins de prife contre lui-même ; quand dans l'inftruction le fieur Lieutenant Criminel l'a interrogé fur les circonftances de ce prêt, les billets étant du 24 Septembre, il auroit dit que la valeur en avoit été fournie ce jour-là, puifque c'étoit ce jour-là que le Comte de Morangiés avoit déclaré l'avoir reçue ; que dit-il au contraire, que c'eft le 23 qu'il l'a fournie, & fa fincérité paroît alors donner prife contre lui-même ; il faut qu'il déclare qu'en livrant l'or le 23, le Comte de Morangiés lui en a donné des reconnoiffances, dont il fe trouve hors d'état de juftifier, ces reconnoiffances ayant été rendues au Comte de Morangiés à l'inftant où il a remis les billets.

Interrogé fur le point de fçavoir fi la valeur avoit été fournie au Comte de Morangiés, chez lui-même, ou chez la dame Veron, il s'en feroit tiré d'une maniere bien facile, s'il avoit été de mauvaife foi ; comme le Comte de Morangiés étoit venu le 24 Septembre chez la dame Veron, qu'on avoit vu fa voiture à la porte, & qu'il convient lui-même dans fa déclaration du 4 Octobre y être venu, le fieur Dujonquay auroit répondu que la valeur en or auroit été remife au Comte de Morangiés chez la dame Veron, & que le foir il l'auroit emporté dans fa voiture.

Que dit-il au contraire, les faits les plus faciles à démentir, s'ils font faux ; il dit que c'eft lui qui a porté l'or le 23 chez le Comte de Morangiés, en treize voyages, qu'il a vaqué à cette opération depuis fept heures & un quart, fept heures & demie du matin, jufqu'à une heure & demie deux heures.

Or, eft-il poffible qu'un homme infidéle eût tenu un pareil langage ? Il lui auroit fallu, pour ofer le faire, le talent de deviner des chofes qui ne pouvoient être à fa connoiffance ; il auroit fallu qu'il eût été certain que le Comte de Morangiés ne fût pas forti de chez lui depuis fept heures & demie du matin, jufqu'à une heure & demie après midi, & que pendant tout ce tems il n'eût reçu perfonne dans fon Hôtel, pas un feul de fes amis, pas un feul des Militaires ou Officiers Généraux avec lefquels il eft lié, pas un feul de fes créanciers ; que pendant tout ce tems il n'eût eu aucune raifon de fortir ; qu'on ne l'eût point vu, foit à Verfailles, foit chez les Princes, foit chez des gens de qualité comme lui, foit enfin par-tout où il auroit pu être conduit, ou par fes affaires, ou par fes plaifirs.

Car s'il pouvoit juftifier d'un *alibi* pendant cet intervalle, ou s'il avoit reçu chez lui pendant un certain tems dans la matinée quelques perfonnes étrangeres à fa maifon, le coupable échouoit & fe livroit lui-même à la peine.

Cependant qu'eft-il arrivé ? Que le Comte de Morangiés n'eft effectivement pas forti de chez lui le 23 Septembre, depuis fept heures & demie du matin jufqu'à une heure & demie ; qu'il ne peut établir avoir été vu nulle part pendant tout cet intervalle ; qu'il ne peut établir que qui que ce foit, foit venu chez lui pendant cet efpace de tems.

La rencontre auffi extraordinaire de la vérité de ce fait, avec ce que le jeune Dujonquay a déclaré, eft-elle donc l'ouvrage du hafard ? Non, il n'eft pas poffible de fe prêter à des idées auffi étranges.

Tout étoit donc effectivement combiné pour le prêt, ainfi que le fieur Dujonquay l'a déclaré dans fon interrogatoire. Le 20 il étoit convenu avec le Comte de Morangiés, qu'il lui porteroit l'or le 23 dans la matinée, à commencer à fept heures du matin : le Comte de Morangiés l'attendoit ; fa porte, ce jour là, étoit fermée pour tout autre que pour lui. La matinée entiere a été employée à ces voyages ; & voilà pourquoi le Comte de Morangiés, dans le même tems, n'a reçu perfonne autre que le jeune Dujonquay, & n'a été voir qui que ce foit.

Ces preuves font bien fortes, & ne permettent pas de douter un inftant de quel côté eft le coupable.

 Pour les ébranler, on effaie d'y oppofer une preuve phyfique!
il eft phyfiquement impoffible, dit le Comte de Morangiés, que
le fieur Dujonquay ait fait, dans l'efpace de fix heures, vingt-fix
fois le trajet de chez lui à l'Hôtel du Comte de Morangiés.

 Le Comte de Morangiés, dans fon calcul, exagere tout.
D'abord, au lieu de vingt-fix voyages, il n'en faut compter
que vingt-cinq, le retour du dernier ne devant pas être compris.

2°. Au lieu de cinq cens feize toifes, on a fait mefurer
exactement la diftance des deux termes par un Ingénieur du
Roi, qui attefte dans fon Certificat n'avoir trouvé que quatre
cens quatre-vingt-deux toifes trois pieds depuis la porte de la
dame Romain jufqu'à celle du Comte de Morangiés.

La fomme totale des vingt-cinq voyages n'eft donc que de
douze mille cent foixante-deux toifes & demie, au lieu de treize
mille quatre cens feize toifes que préfente le calcul du Comte
de Morangiés ; ce qui fait une différence de mille deux cens
cinquante-trois toifes & demie.

3°. Même exagération par rapport au poids des mille louis,
qui n'eft que de feize livres quelques onces. A qui veut-on
perfuader qu'un poids de cette efpéce eft un fardeau fatiguant
pour un jeune homme de vingt-cinq ans, qui, après l'avoir
porté à quatre cens quatre-vingt-deux toifes, revient à vuide ?

4°. Le prétendu embarras de cette groffe pierre deftinée
pour l'Eglife de Sainte Genevieve; cet embarras, qu'on nous
donne comme un événement préparé du Ciel tout exprès, pour
prouver que le Comte de Morangiés n'a pu recevoir l'or dans
fix heures de tems ; cet embarras, difons - nous, n'a point
exifté. On rapporte un Certificat de l'Infpecteur prépofé à la

conduite de la pierre ; & il attefte que le Lundi 23 Septembre elle n'eft arrivée vis-à-vis la porte du Comte de Morangiés qu'à midi un quart, & qu'elle y eft reftée en place jufqu'à deux heures, pendant le tems du dîner des Suiffes qui la conduifoient. Ainfi elle n'a donc occafionné aucun embarras dans la route du fieur Dujonquay.

D'après ces faits, bien fimples, on croit que la démonftratration prétendue phyfique, & tous les agrémens dont on l'a ornée, tombent d'eux-mêmes.

Préfentons donc à notre tour une autre démonftration plus décifive. Mefurons l'efpace par le tems. Combien faut-il de tems à un bon marcheur pour faire le trajet de la porte de la dame Veron jufqu'à celle du Comte de Morangiés ? Mille perfonnes qui ont eu la curiofité de le faire, répondront qu'il faut fept à huit minutes, qu'il en faut neuf en marchant d'un pas ordinaire, accordons-en dix, fi l'on veut ; c'eft quatre heures dix minutes pour les vingt-cinq voyages.

Or, de l'aveu de l'Adverfaire, nous avons fix heures : voilà donc une heure cinquante minutes qui reftent, & bien plus qu'il n'en faut pour monter les efcaliers, laiffer les facs, & prendre les reconnoiffances que le Comte de Morangiés tenoit toutes prêtes.

C'eft trop s'arrêter fans doute à de pareilles minuties, qui n'auroient pas dû furcharger une caufe de cette efpéce. Paffons à un autre genre de preuves, la preuve teftimoniale.

§. I I I.

Preuves teftimoniales.

Il eft fort fingulier, fans doute, qu'ayant des titres à la main, on s'arrête à les appuyer de la preuve par témoins. Mais à cet égard la dame Romain & le fieur Dujonquay font dans une pofition bien différente de celle du Comte de Mo-rangiés.

Nulle preuve teftimoniale de fa part ne pourroit détruire leurs titres, au lieu qu'ils n'ont pas befoin de cette preuve pour les confirmer. Cependant les dépofitions des témoins que la dame Veron a fait entendre, confirment le prêt fait au Comte de Morangiés par trois circonftances qui doivent s'y trouver établies.

1°. L'or de la dame Veron a été vu avant qu'il fût porté chez le Comte de Morangiés.

2°. Deux témoins ont vu porter cet or.

3°. Les reconnoiffances données par le Comte de Moran-giés au fieur Dujonquay à chacun de fes voyages, ont été vues pareillement.

Au ton d'humeur que prend le Comte de Morangiés con-tre les témoins entendus dans les informations de la dame Veron, il paroît bien qu'il fe doute qu'ils ne lui font pas fa-vorables.

Nous connoiffons la dépofition du fieur Gilbert, puifqu'il l'a lui-même rendue publique ; & d'après les faits qu'il a attef-tés à la Juftice, il faut convenir qu'il mérite toute l'humeur que le Comte de Morangiés lui témoigne. Comme il eft Par-tie, il aura foin de fe juftifier lui-même.

La femme Tourtoura n'eft pas plus épargnée. Il faut qu'on fache qu'elle a été en état de dire bien des chofes. Et c'eft pour cela fans doute qu'on voudroit rendre fon témoignage fufpect.

Mais, quoiqu'on en dife, elle n'a effuyé aucune flétriffure en Juftice, qui doive faire rejetter fa dépofition ; elle a été en effet entendue comme témoin dans plufieurs affaires, fans qu'on fe foit avifé de la reprocher.

A l'égard du fieur Aubriot, puifque le Comte de Moran-giés s'impofe filence fur fon compte, c'eft beaucoup; & nous devons en conclure qu'il faut que fa conduite foit bien intacte.

Le Comte de Morangiés a fait faire de fon côté une infor-mation; mais a-t-il pu fe flatter que fon témoignage & celui de fes domeftiques étoit affez puiffant pour anéantir des titres émanés de lui-même?

A ce premier moyen, il s'en joint un autre réfultant de la nullité de toute la procédure dont cette information fait partie: ce moyen fera traité ailleurs; paffons à la preuve réfultante des interrogatoires.

<h2 style="text-align:center">§. I V.</h2>

<h3 style="text-align:center">Interrogatoires.</h3>

Cette preuve eft de la derniere force dans l'efpèce actuelle; les circonftances lui donnent le mérite d'une démonftration.

La dame Romain & fon fils, enfermés tous deux féparé-ment fans avoir eu enfemble la moindre communication, ont été interrogés à plufieurs reprifes. On leur fait les queftions les plus multipliées, les plus propres à les embarraffer. Le Magiftrat s'eft étudié à fonder jufqu'aux plus profonds replis de leur cœur; il les a interrogés fur des faits qu'ils ne pou-voient prévoir, & contre lefquels ils n'étoient point dans le cas de fe prémunir.

Cependant la mere & le fils, fans communication entre eux, ont tenu le même lengage.

Or, quelle plus forte preuve qu'une unanimité qui s'eft foutenue jufques dans les plus petits détails?

Le menfonge a mille routes ouvertes; deux romans ne fe reffembleront jamais; la vérité feule eft uniforme & toujours semblable à elle-même ; & puisqu'on nous a opposé le Jugement de Daniel , il nous est permis de l'invoquer à notre tour.

Si les deux Vieillards avoient fait la même réponse ; s'ils s'étoient accordés sur les circonstances du crime qu'ils imputoient à la chaste Susanne , ils auroient été déclarés innocens : c'est de ce concert que ce Juge éclairé par des lumieres supérieures , faisoit dépendre l'Arrêt qu'il alloit prononcer. Or , ici la mere & le fils ont tenu le même langage , ils ne se sont démentis sur rien. Cette uniformité décisive doit juger la Cause.

Mais , dit-on , cet interrogatoire contient la preuve de la mauvaise foi de Dujonquay ; il a dit qu'il étoit monté dans le cabinet du Comte par un escalier dérobé ; il a dit qu'il y avoit des verres de Bohême aux fenêtres de ce cabinet. Or , ces deux circonstances sont fausses.

On doit observer d'abord , que c'est de lui-même & sans être interpellé , que le sieur Dujonquay a rendu compte de ces deux circonstances. Personne ne lui demandoit par quel escalier il étoit monté ? pourquoi de lui-même auroit-il été parler de deux escaliers , s'il n'en existoit qu'un seul ? Cette premiere réflexion annonce déja que ce n'est pas un mensonge.

Aussi atteste-t-il qu'il y a dans l'hôtel du Comte de Morangiés deux escaliers différens ; le grand escalier qui distribue dans les différens appartemens ; & un autre escalier qui se trouve dans un retour d'équerre que forme le bâtiment & qui conduit à l'entrée du cabinet du Comte de Morangiés.

D'après la certitude qu'il a du fait , il a peine à concevoir le motif du démenti que son Adversaire lui donne ; seroit-ce qu'il a mal-à-propos qualifié ce petit escalier d'escalier dérobé , & que le Comte de Morangiés prétendroit qu'il n'est pas tel , parce qu'il conduiroit jusqu'au haut du bâtiment ?

Mais

Mais qu’importe l’épithete que le fieur Dujonquay ait donné au petit efcalier, puifqu’il eft certain qu’il y en a deux, & que c’eft par le petit qu’il eft monté lorfqu’il a porté fon or ?

A l’égard des verres de Bohême, le fieur du Dujonquay a cru que de grands carreaux de verre blanc étoient de verre de Bohême ; s’ils n’en font pas, à la bonne heure : mais quel intérêt auroit-il eu de le dire, s’il ne l’eût pas penfé ? Pour tirer quelque induction de ces deux circonftances, il faudroit que le Comte de Morangiés allât jufqu’à foutenir que jamais le fieur Dujonquay n’eft allé dans fon hôtel. Car dès qu’il convient qu’il y eft allé, il eft ridicule de chicaner fur ces circonftances. Il en réfulte, en effet, qu’il eft très - poffible d’avoir été dans le cabinet du Comte de Morangiés fans fçavoir de quelle efpèce de verre font les vîtres.

§. V.

Lettres jointes au Procès.

L’Adverfaire s’eft attaché dans la plaidoierie à répandre du ridicule fur la tournure de quelques phrafes qui fe trouvent dans la lettre du jeune Dujonquay au Comte de Morangiés : il eft bien ici queftion de tours heureux & de fineffe de langage ! c’eft une lettre écrite par un jeune homme dans le premier feu de l’emportement ; c’eft le fentiment que l’on doit confulter ici, & non pas les mots.

Dans quelle pofition étoit-il alors ? La Charmet venoit de lui apporter la lettre du Comte de Morangiés par laquelle il perfiftoit à nier le prêt ; elle venoit de l’inftruire du mauvais état de fes affaires ; alors il fe livre à la chaleur de fon reffentiment, il fait au Comte de Morangiés les reproches les plus amers fur la féduction qu'il a pratiquée ; il lui rappelle qu'il lui a porté douze mille quatre cens vingt-cinq louis d'or en treize voyages, il ne prétend donc pas lui avoir effectivement fourni 327000 l. comme on l'a plaidé ; il y dit que le Comte de Morangiés faifoit tort à fa grand'mere de 327000 livres, parce qu'il comprend dans ce tort la perte du principal & la perte des intérêts, jufqu'aux époques déterminées par les billets : voilà ce qui réfulte de cette lettre.

Au furplus, qu'on fe rappelle que cette lettre n'a pu être diétée que par la vérité ; que fi l'or n'avoit point été fourni, & qu'il n'eût été queftion que d'une efcroquerie de billets, le jeune Dujonquay n'auroit point alors provoqué le Comte de Morangiés , parce qu'il avoit les billets en fa poffeffion, & qu'il en auroit paifiblement attendu l'échéance.

Mais nous trouvons de plus fortes preuves encore dans la lettre de la Charmet du 25 Septembre , & dans la réponfe que lui fait le Comte de Morangiés le lendemain vingt-fix.

Dans cette lettre, dont on s'eft bien gardé de donner leéture à la Cour, la Charmet rappelle au Comte de Morangiés les fermens qu'il lui a faits dans la matinée à l'occafion de la dénégation du prêt; elle lui rappelle le propos par lui tenu, *qu'il défioit Dujonquay de repréfenter les titres , n'ayant qu'une promeffe de fa part de lui faire avoir fous fix jours le 300000 livres ; mais nul écrit de fait avec lui.* Cette femme le menace d'une affignation aux Confuls, & de faire paroître les titres.

Si le propos que cette femme rappelle au Comte de Morangiés eft vrai , le Comte de Morangiés a donc fait dépendre lui-même la preuve du prêt qu'il nioit ainfi, de la repréfentation des titres ; il n'a donc nié le prêt alors , que parce que les titres ne paroiffoient pas.

Si le propos eft faux ; fi le Comte Morangiés ne l'a point

tenu, il donnera à cette femme le démenti dans la réponse qu'il lui fait à cette lettre, il lui dira qu'il n'a point tenu ce langage; que la vérité est, qu'il a remis ses billets au jeune Dujonquay pour les négocier à une compagnie pécunieuse; mais que l'affaire n'est point encore consommée.

Mais, il ne répond point ainsi; son système n'étoit point encore formé, il n'avoit d'autre objet que de dissimuler le prêt à une femme à laquelle il reproche de l'indiscrétion ; il craignoit que cette femme, en instruisant ses créanciers, ne les ameutât contre lui : voilà la raison de la réponse qu'il lui a faite avec beaucoup de ménagement ; lettre qu'il finit en lui disant: *Madame, je suis tout à vous*. Lettre que la dame Veron a annexé à sa plainte.

Il est donc vrai que le Comte de Morangiés lui-même a fait dépendre la vérité du prêt de la représentation des titres.

Il est donc vrai qu'il n'a nié l'existence de ces titres que pour tenir le prêt secret à ses créanciers ; or les titres paroissent aujourd'hui : donc il doit reconnoître la vérité du prêt.

La mauvaise foi du Comte de Morangiés est ici établie par les lettres qu'il a produites, & par sa réponse que nous avons.

§. V I.

Déclaration du Comte de Morangiés.

Nous n'aurions pas besoin de toutes ces preuves ; la déclaration que le Comte de Morangiés a faite lui-même chez le Commissaire Chesnon le 4 Octobre dernier, les rend en quelque sorte inutiles.

Quiconque lira cette déclaration de sang froid, sera convaincu qu'il est coupable, par les contradictions, les inconséquences & les abfurdités qu'elle renferme : on voit à chaque pas quel a été fon embarras pour arranger fa fable, avec le fait connu des 1200 livres qu'il avoit fait emporter de chez la dame Veron le 24 Septembre , jour de fes billets ; avec une lettre qu'il avoit écrite le matin au jeune Dujonquay, & qu'il fuppofoit que ce dernier avoit confervée ; avec la lettre par lui écrite à la femme Charmet le vingt-fix , & qu'il fçavoit être entre les mains de la dame Veron ; enfin , avec l'inaction dans laquelle il eft reflé pendant plufieurs jours.

D'abord , il n'a point envie de donner fes billets , mais une fimple promeffe d'en fournir quand il aura reçu les fonds.

Enfuite il fait fes billets, dit-il, fans recevoir les fonds, & fon intention étoit bien d'en demander une reconnoiffance , mais il l'oublie ; Dujonquay lui parle de ces billets en le conduifant , & il oublie encore de lui demander une reconnoiffance.

La Charmet & Monvoifin vont le lendemain chez lui pour lui demander de l'argent ; la Charmet lui parle du prêt, comme en ayant été rendue certaine par la dame Veron & fa famille ; & il n'a point d'inquiétude , & il ne va point demander de reconnoiffance , lui qui avoit fenti d'abord qu'il n'étoit pas prudent de confier fes billets à un jeune homme qu'il ne connoiffoit pas , & dont l'intention premiere n'avoit été autre que de remettre une promeffe fignée de lui de les délivrer auffitôt que les fonds lui feroient remis.

Nous ne finirions point fi nous nous appefantiffions fur tous ces détails.

Cette piéce importante a été rendue publique avec des obfervations qui en font voir la fauffeté ; obfervations que nous avons plaidées , que le Défendeur du Comte de Morangiés

n'a point entrepris de réfuter à l'audience , & dont il a con-
confirmé la folidité par la foibleffe de quelques réponfes hafar-
dées par écrit.

§. V I I.

Déclaration de la dame Veron au lit de la mort.

Il eft dans ce fiècle des incrédules , de prétendus efprits forts
qui ne croyent à rien qu'à leurs décifions , & qui ne feront pas
touchés des réflexions que nous allons faire ; ce n'eft pas à eux
que nous les adreffons , mais aux Magiftrats chrétiens que
nous avons pour Juges.

Ils fçavent par une expérience journaliere quelle crainte
falutaire imprime à un coupable condamné , les approches de la
mort ; les fcélerats endurcis dans le crime bravent rarement ce
moment terrible : ils réfléchiffent avec effroi fur ce qu'ils font
& fur ce qu'ils vont être; l'éternité eft prête à s'ouvrir devant
eux , ils frémiffent à cette idée ; le remords leur arrache l'a-
veu de leur crime & de leurs complices , & c'eft une confolation
de plus pour les Miniftres de la Juftice dans leur rigoureux
miniftère.

Si l'appareil d'une mort prochaine eft fi impofant pour un
cœur endurci , que fera-ce pour une femme dont les mœurs
ont toujours été pures , & à qui le Comte de Morangiés ,
malgré la multitude de fes recherches , n'a pu faire le plus lé-
ger reproche? Il eft vrai qu'il n'a point été queftion pour elle
d'échafaud & de fupplices , & ce n'étoit pas ainfi qu'elle devoit mourir , d'après la maniere dont elle avoit vécu : mais elle
n'en avoit pas moins la certitude d'une mort prochaine , foit
par le fentiment de fa foibleffe , & de fes peines trop fortes

pour son âge, soit parce qu'elle lui étoit annoncée par les Ministres de la Religion.

C'est dans le dernier jour de sa vie, le 12 Mars dernier, que son ame, prête à paroître devant le Juge suprême, se recueille & se partage entre ce qu'elle doit à la Religion & ce qu'elle doit à sa famille infortunée ; dans le même jour elle participe aux plus saints de nos Mysteres, & elle consigne sa volonté derniere dans un testament authentique.

Elle y fait son petit-fils, l'objet de ses plus tendres affections, son Légataire universel; mais que lui laisse-t-elle ? Hélas ! les débris de sa fortune envahie par des mains infidelles.

Elle confirme la vérité du prêt qu'elle a fait au Comte de Morangiés; elle pense que sa déclaration pourra être utile à ses enfans dans le malheureux procès qu'elle leur laisse; elle auroit desiré même que la Cour nommât deux d'entre ses Membres pour la recevoir, pour convaincre la Justice souveraine de plus en plus de la fidélité de ses assertions, ou qu'elle commît des Officiers de son choix pour recueillir ses derniers vœux & ses derniers soupirs.

Mais la Cour a cru devoir abandonner ce choix à la dame Veron elle-même, & les Notaires que cette femme mourante a mandés justifient, par leur réputation intacte, la sagesse de ses derniers instants.

Elle leur déclare qu'elle a réellement prêté au Comte de Morangiés la somme de 300000 livres, suivant ses billets, & que cette somme lui a été fournie en or, à 1200 livres près qui lui ont été remises en argent; que cet or a été porté au Comte de Morangiés par le sieur Dujonquay en treize voyages le 23 Septembre dernier, & que sa fortune provient d'un don de 260000 livres qui lui a été fait par le fieur Cho-tard , Caiffier des octrois des fermes.

Quand elle a eu difpofé de fa forutne , elle s'eft occu-pée de fa reconnoiffance ; elle a ratifié , en tant que de befoin , la donation entre-vifs par elle faite le 14 Janvier dernier.

Voilà l'acte dont le Comte de Morangiés a fait un auffi étrange abus dans fa plaidoierie ; c'eft de cet acte qu'il eft parti pour dire que la dame Romain & fon fils n'étoient pas fes véritables Adverfaires , mais le nommé Aubourg ; que la dame Veron , par cet acte , s'étoit feulement obligée à lui prêter fon nom.

Et comment l'a-t-on peint ? comme un Solliciteur de Procès par état ; comme un de ces hommes dangereux , de ces peftes de fociété qui font leur profit de l'infortune des autres ; comme le protecteur mercenaire d'un crime dans lequel il a peut-être trempé.

Voilà une déclamation bien vive : le fieur Aubourg cepen-dant la pardonne au Comte de Morangiés ; ce dernier doit beaucoup lui en vouloir ; fans lui la famille Veron , gémiffant fous le joug d'une prévention cruelle , étoit écrafée fans ref-fource ; le public n'auroit jamais entendu parler de cette af-faire , & le Comte de Morangiés ne fe trouveroit pas dans les embarras où il eft aujourd'hui.

Mais fi le fieur Aubourg pardonne au Comte de Moran-giés cette diffamation outrageante , la dame Romain & fon fils ne la lui pardonnent pas , & c'eft à eux de venger leur bienfaiteur.

Le fieur Aubourg n'a jamais fait le vil métier d'acquéreur de droit litigieux & de Solliciteur de Procès ; c'eft ici la premiere affaire portée en Juſtice dont il ſe ſoit mêlé , & il défie le Comte de Morangiés de prouver le contraire.

Il ne connoiſſoit point la dame Veron & ſes enfans lors de leur déſaſtre, il n'en avoit jamais entendu parler ; le haſard le plaça vis-à-vis d'un homme qui les connoiſſoit comme des gens honnêtes & qui étoit perſuadé de leur innocence ; le récit de cette affaire l'intéreſſa ; il alla voir la dame Veron. L'ingénuité de cette femme, ſa franchiſe, ſes malheurs l'affecterent vivement ; il ſe fit informer des plus légers détails ; il vit avec douleur de quelle prévention cruelle la dame Romain & ſon fils gémiſſoient accablés , les ſuites funeſtes de la charte privée du 30 Septembre, les traitemens rigoureux qu'ils éprouvoient dans les priſons, les accuſations intentées à la requête de la dame Veron reſtées ſans effet par les entraves de la plus dangereuſe récrimination ; un decret de priſe-de-corps décerné contre un homme, par la ſeule raiſon qu'il pouvoit être utile à cette famille , d'après la connoiſſance perſonnelle qu'il avoit de la vérité du prêt.

Il vit enfin la dame Romain & ſon fils ſur le point d'être condamnés au ſupplice , ſinon de la mort , du moins du fouet & de la marque.

Ce fut alors qu'il trouva dans la ſenſibilité de ſon cœur & dans l'activité de ſon ame des reſſources inépuiſables ; c'eſt à ſes ſoins que la dame Romain & ſon fils ſont redevables de l'Arrêt qui les a transférés des priſons du Châtelet dans celles de la Conciergerie ; c'eſt à la demande qu'il a fait former pour eux qu'ils ſont redevables de leur élargiſſement proviſoire , & la Cour peut ſe rappeller ſi c'eſt l'eſprit d'intrigue qui l'a animé dans ſes ſollicitations , ou la perſuaſion intime de l'innocence des accuſés ; elle peut ſe rappeller ce qu'il fit le

jour

jour même qu'on alloit rapporter le Procès sur la demande en élargissement provisoire : craignant que le Comte de Morangiés ne se prévalût de la liberté qu'on leur accorderoit pour conserver la sienne, il revint sur ses pas, il donna des Mémoires aux Magistrats, par lesquels il les pria de retenir les accusés en prison, dans l'espérance que la nécessité de l'instruction y ameneroit bientôt le Comte de Morangiés lui-même ; c'est ainsi qu'il a sollicité pour la dame Romain & son fils, en les livrant à toute la rigueur des Loix, s'ils étoient coupables, mais en intéressant la Justice souveraine pour eux s'ils ne l'étoient pas ; c'est ainsi que la dame Romain & son fils veulent qu'on sollicite, & voilà la noble fermeté de l'innocence.

Leur élargissement provisoire, d'après l'examen le plus réfléchi de toutes les piéces du procès, n'en a pas moins été ordonné. Quel heureux préjugé pour eux dans la contestation qu'ils soutiennent aujourd'hui !

Alors la dame Veron revit sa fille, son petit-fils & leur bienfaiteur avec une effusion de sensibilité & de reconnoissance digne de son ame.

Un de ses regrets que ses enfans partageoient avec elle, étoit de ne pouvoir verser entre les mains de ce généreux ami une récompense actuelle & assurée.

Sa fortune restoit toujours en péril ; ses enfans n'étoient que provisoirement élargis : combien de peines & de soins n'y avoit-il pas à prendre avant que cette affaire fût heureusement terminée ! & en envisageant même la condamnation contre le Comte de Morangiés en restitution des 300000 liv. comme certaine, la restitution l'étoit-elle également ? Ne faudroit-il pas suivre le sort d'une Direction ? N'y auroit-il pas bien des difficultés à vaincre, & des lenteurs à essuyer ? Le jeune Dujonquay fur-tout, après un prêt auffi indifcrétement fait au Comte de Morangiés, pouvoit-il être envifagé par la dame Veron comme capable de conduire une affaire fi longue, fi embarraffante, & peut-être même fi ingrate, dans laquelle à chaque pas il faudroit lutter contre le crédit ?

C'eft dans une pofition pareille que la dame Veron a cru devoir faire une donation au fieur Aubourg.

Sa donation a donc eu trois motifs ; 1°. la reconnoiffance qu'elle devoit à fes généreux fervices ; 2°. les avances par lui faites de fon argent à cette famille malheureufe, dont elle ne pouvoit le remplir d'une autre maniere ; 3°. l'utilité dont il étoit à elle & à fa famille que le fieur Aubourg fût perfonnellement intéreffé à la pourfuite de cette malheureufe affaire. En conféquence, elle lui fait une donation qui paroît être de 110000 livres à prendre fur les 300000 liv. prêtées au Comte de Morangiés ; mais cette donation n'eft en effet que de 60000 livres, d'après un acte qui a pour objet des arrangemens de famille, & qui a été mis entre les mains de M^r l'Avocat Général ; fur ces 60000 livres à venir, le fieur Aubourg eft obligé de fubvenir à tous les frais faits & à faire, & c'eft lui qui, au moment actuel, fournit à la dame Romain & à fa famille, leur fubfiftance, fans fçavoir dans quel temps & comment les avances qu'il fait à cet égard, lui feront rembourfées ; fans lui, enfin, ils fe trouveroient aujourd'hui dans la mifere la plus affreufe.

Tel eft l'homme cependant qu'on s'eft permis de peindre avec des couleurs fi noires ; tel eft l'homme, trop fenfible peut-être, qui, vivement affecté de cette déclamation, vouloit renoncer à l'inftant même à la donation qui lui a été faite, & que la dame Romain & fon fils ont arrêté, parce qu'ils font pénétrés de la vérité des motifs qui ont dicté cet acte équitable, & qu'il ne répond point encore à la vivacité de leur reconnoiſſance pour lui.

Ainſi, nous nous flattons d'avoir écarté tous les nuages répandus par l'Adverſaire ſur cette premiere Partie de la diſcuſſion. Le prêt eſt certain ; il eſt démontré par une multitude de preuves ; & ſi la gravité du crime & l'état de la procédure permettoient de conclure à l'évocation du principal, la dame Romain & ſon fils pourroient, dès ce moment, demander au Comte de Morangiés la reſtitution des 300000 livres, avec des dommages & intérêts immenſes, proportionnés aux vexations inouies qu'ils ont ſouffertes.

SECONDE PARTIE.

Le Procès doit être fait au Comte de Morangiés, à la requête de la dame Romain & de ſon fils.

L'ordre public ayant été troublé, & y ayant un coupable à punir dans cette affaire, les Magiſtrats ſont liés par les formes, & il faut néceſſairement qu'elle ſoit ſuivie au grand Criminel par récolement & confrontation.

Il n'eſt plus queſtion que de ſçavoir à la requête de qui ſera faite la pourſuite, & qui eſt-ce qui demeurera accuſateur & accuſé.

Pour la déciſion de cette queſtion, deux propoſitions vont être établies.

En premier lieu, le Comte de Morangiés n'eſt & ne peut point être accuſateur dans cette affaire.

En ſecond lieu, la dame Romain & ſon fils doivent demeurer accuſateurs contre lui, comme ayant repris les plaintes de la dame Veron.

PREMIERE PROPOSITION.

Le Comte de Morangiés ne peut être accusateur & partie civile dans cette affaire.

Quand est-ce qu'on est admis à se rendre accusateur ? Le peut-on quand on a pris une autre voye ? Il faut consulter ici les principes.

Dans l'état de société civile chaque citoyen a des intérêts à conserver, & la raison publique a un ordre à maintenir.

Il est des discussions qui ne troublent point l'ordre public; telles sont les contestations qui naissent à l'occasion de partages, de propriétés, de contrats & de quasi contrats, & qui dépendent communément de l'interprétation des Loix; ces sortes de contestations se poursuivent par la voye civile.

D'autres naissent à l'occasion de crimes ou de délits qui portent atteinte à l'harmonie de la société, & qui la troublent en offensant un ou plusieurs de ses membres.

L'ordre public exige un autre genre de réparation que celle qui est due à la partie offensée ; la sûreté de l'harmonie sociale demande quelquefois des victimes & des punitions exemplaires capables d'effrayer les méchants.

L'ordre public a un vengeur, & ce vengeur est le Magistrat, qui, soit par lui, soit par ses Substituts, poursuit au nom de l'Etat la punition des crimes.

Quant à la partie offensée, elle ne peut être occupée que de la réparation due ou à son honneur ou à sa fortune ; elle peut donc conclure à des réparations d'honneur ou à des dommages-intérêts proportionnés au préjudice qu'elle a souffert. Son intérêt ne va jamais plus loin; & cette action se bornant à un objet purement civil, il n'exige point, par sa nature, une instruction au grand Criminel.

Cependant si l'intérêt public se trouve joint à celui de la partie offensée , elle peut rendre plainte & requérir la jonction du Ministere Public. 2°. Elle peut aussi faire rendre plainte par le Ministere Public seul, sur sa dénonciation , & intervenir ensuite dans le procès , comme partie civile. 3°. Enfin, elle peut laisser agir le Ministere Public seul pour la réparation qui est due à la vindicte publique , & se pourvoir par la voie civile , pour celle qu'elle a droit de prétendre personnellement.

En supposant la dame Romain & son fils coupables de l'escroquerie que le Comte de Morangiés leur impute aujourd'hui , il pouvoit donc, conformément aux principes établis, prendre l'une de ces trois voies. Voyons quelle est celle qu'il a prise.

Il a abandonné le soin de la poursuite criminelle au Ministere Public en son entier ; il a déclaré , par sa dénonciation du 4 Octobre dernier , qu'il n'entendoit point se rendre partie civile & accusateur.

Il a fait résider tout son intérêt dans la remise des billets qu'il prétendoit lui avoir été surpris ; & en conséquence , le 29 Novembre dernier , il a fait assigner la dame Veron pour voir dire qu'elle seroit tenue de lui remettre les 327000 livres de billets , aux offres par lui de lui rembourser les 1200 livres qu'il prétendoit seulement avoir reçues.

C'est dans cet état que le 30 Décembre suivant, il a déclaré qu'il entendoit se rendre partie civile & accusateur ; c'est en conséquence qu'il a conclu à ce qu'en confirmant la procédure du Châtelet, il soit ordonné que le procès sera fait à sa requête, à la dame Romain & à son fils.

Le Comte de Morangiés est-il recevable à revenir ainsi sur ses pas, à se rendre aujourd'hui partie civile? La négative est certaine.

1°. Par la seule circonstance qu'il a déclarée dans sa dénonciation, qu'il n'entendoit point se rendre partie civile.

2°. Par l'action qu'il a formée au Parc Civil du Châtelet de Paris.

Il est d'abord de principe certain que celui qui s'est desisté de la faculté d'accuser qu'il pouvoit avoir, ne peut plus se rendre accusateur.

Ce principe est établi par les Loix Romaines. La Loi 6 au code, tit 1, liv. 9, *de his qui accusare non possunt*, est conçue en ces termes : *Accusationem à quâ discedere te professus es, repetere nos debes.*

La Loi 2, au digeste, *ad Senatus-consultum Turpillianum*, s'exprime ainsi : *Qui destiterit, agere amplius & accusare prohibetur.*

Godefroy l'Annotateur estime, d'après ces Loix, qu'il n'est pas même nécessaire d'un désistement exprès, qu'il suffit d'un désistement tacite & présumé, *qui ab accusatione destitit expressè vel tacitè, non accusat.*.

Or, nous n'en sommes pas réduits ici à un désistement tacite & présumé, ce désistement est exprès, il est consigné dans la déclaration faite par le Comte de Morangiés le 4 Octobre.

L'art. 5, du tit. 3, de l'Ordonnance criminelle qu'il invoque, se concilie parfaitement avec ces principes. » Les plaignans, » porte cet article, ne seront réputés Paties civiles, s'ils ne » le déclarent formellement ou par la plainte, ou par acte » subséquent, qui pourra se faire en tout état de cause «.

Il résulte de-là, que le plaignant n'est point accusateur, à moins qu'il ne déclare qu'il entend se rendre Partie civile ; il résulte de-là, qu'il peut se rendre Partie civile en tout état de cause, c'est-à-dire, après la plainte rendue, & pendant tout le cours de la poursuite, pourvu que ce soit avant le jugement.

Mais il ne réfulte pas de-là qu'il puiffe fe rendre Partie civile, quand il a une fois renoncé à cette faculté.

Nous avons dit, en fecond lieu, que le Comte de Morangiés, après avoir pris la voie civile, n'étoit plus recevable à prendre la voie criminelle. Ce principe eft fondé fur la Loi 9, au digefte, *de Tributor. act.* SECOND MOYEN.

Il eft confacré par plufieurs Arrêts; il en eft un du 2 Août 1706, rapporté au Journal des Audiences.

Il en eft un autre bien plus récent, rendu au rapport de M. Goeflard, le 16 Juillet 1733, & qui eft rapporté par Denifart.

Mais, dit le Comte de Morangiés, l'action que j'ai intentée au civil, afin de remife de mes billets, a été formée contre la dame Veron, & c'eft relativement à une accufation inrenrée contre vous, relativement à l'efcroquerie de ces mêmes billets, que je prétends me rendre Partie civile.

La réponfe eft prompte ; le Comte de Morangiés ne peut avoir d'autre intérêt dans cette affaire que la remife de fes billets, car il n'a pas le droit de conclure contre la dame Romain & fon fils à des peines afflictives & infamantes, fur le fondement de l'efcroquerie qu'il leur impute.

Or, cet intérêt purement civil, il l'a lui-même détaché de la pourfuite criminelle, en fe pourvoyant devant le Juge civile.

Le Comte de Morangiés une fois écarté de la caufe dans fa prétendue qualité d'accufateur, nous n'avons plus affaire qu'au Miniftere public.

En demandant à refter accufateur contre le Comte de Morangiés, ce n'eft plus à lui que nous devons l'expofition des raifons qui fondent cette demande, mais à M. le Procureur Général, notre feule Partie.

Il femble, en ce moment, que le poids de cette affaire foit

allégé pour nous: ce n'est plus un ennemi que nous avons à combattre, c'est l'homme de la Justice & de la Loi, que nous avons à persuader ; c'est au Protecteur de l'innocence & de la foiblesse que nous nous adressons ; c'est au Magistrat que le Prince & la raison d'Etat ont constitué vengeur des crimes; c'est au Magistrat établi pour le maintien des régles, pour réclamer contre les abus, pour faire parler nos Loix, pour assurer leur empire, & apprendre à la Nation entiere à les respecter.

SECONDE PROPOSITION.

Pour l'établissement de cette proposition, voici la question que nous avons à agiter.

Quelle poursuite doit prévaloir, ou de celle commencée à la requête de la dame Veron contre le Comte de Morangiés, & reprise par ses enfans, ou de celle intentée à la requête du Procureur du Roi du Châtelet contre eux, sur la dénonciation du Comte de Morangiés?

M. le Procureur Général ne prendra point le fait & cause de son Substitut pour faire valoir la poursuite & procédure intentée à sa requête, si cette procédure est de toute nullité, & si elle est du plus dangereux exemple.

Or, il n'y peut y avoir aucun doute sur la nullité de cette procédure, & nous l'établirons par quatre paragraphes.

1°. La plainte que le Comte de Morangiés a fait rendre par le Procureur du Roi du Châtelet est une surprise qu'il lui a faite pour se faire entendre comme témoin, lui & ses domestiques.

2°. Cette plainte a eu pour objet de faire admettre une preuve testimoniale, qui ne pouvoit avoir lieu.

3°.

3°. Cette plainte est une plainte récriminatoire.

4°. Les faits sur lesquels porte cette plainte font des faits justificatifs, qui ne pouvoient être admis que lors de la visite du procès.

§. I.

Nous disons d'abord, que la plainte que le Comte de Morangiés a fait rendre au Procureur du Roi du Châtelet est une surprise qu'il lui a faite, pour se faire entendre comme témoin lui & ses domestiques.

Etablissons d'abord quelques principes.

Qu'est-ce qu'un témoin dans une affaire ? C'est un homme dont le suffrage & les connoissances sont nécessaires à la Justice, pour l'éclairer sur les faits qui font l'objet d'une contestation ; c'est un homme qui doit avoir par conséquent tous les caracteres de l'impartialité, afin que la Justice puisse prendre confiance dans sa déposition.

Il résulte de-là trois conséquences.

La premiere, qu'un accusé ne peut pas administrer de témoins.

La seconde, que le dénonciateur ne peut pas être entendu comme témoin.

La troisiéme, que les Domestiques du dénonciateur ne peuvent être admis en déposition.

L'accusé ne peut pas administrer de témoins.

Ce principe n'a pas besoin d'être établi par une Loi précise, il dérive de l'ordre judiciaire, il estconsacré par la Jurisprudence des Arrêts, & par le suffrage unanime des Auteurs ; entre autres, par Lacombe dans son Traité des Matieres crimi-nelles, page 325.

Premiere con-
séquence.

O

Or , le Comte de Morangiés étoit accusé à la requéte de la dame Veron, par la plainte du 28 Septembre, d'une escroquerie de 300000 liv. en or ; cette derniere avoit même obtenu permiſſion d'informer ſur cette plainte. Le Comte de Morangiés, accuſé de la ſorte, ne pouvoit donc pas ſe préſenter comme témoin lui & ſes Domeſtiques pour juſtifier une dénonciation de ſa part, tendante à établir, que l'imputation qu'on lui faiſoit étoit fauſſe, qu'il n'avoit point reçu les 300000 livres, & que ſes billets de cette ſomme lui avoient été escroqués.

Nous avons dit en ſecond lieu, que le dénonciateur ne pouvoit être entendu comme témoin ſur la plainte qu'il provoquoit lui-même.

Lacombe, page 314, Section 5, s'exprime ainſi : « Un » dénonciateur ne peut être témoin dans les informations fai- » tes au ſujet de l'accuſation dont il eſt dénonciateur, de même » qu'une Partie civile ne peut être témoin dans le procès cri- » minel qu'elle pourſuit ».

Denifart, qui connoiſſoit parfaitement les Uſages du Greffe Criminel du Châtelet & ſes abus, dit au mot Dénonciateur, dans ſa Collection de Juriſprudence, Article 14 :

« Jamais le Dénonciateur ne peut être entendu comme té- » moin ; ſa délation rend ſon témoignage ſuſpect, puiſque par- » là il devient Partie ; c'eſt néanmoins un abus que j'ai ſou- » vent vu pratiquer ; ſans doute que les Magiſtrats le répri- » meront quelque jour ».

La Cour n'en trouvera jamais une occaſion plus importante que celle qui s'offre aujourd'hui ; les regles violées avec une pareille publicité, exigent une réforme auſſi publique ; & c'eſt du Magiſtrat, chargé du maintien de ces régles, que nous l'attendons aujourd'hui.

Si le Dénonciateur & la Partie civile ne peuvent être en- Troisiéme con-séquence. tendus comme témoin, ils ne peuvent faire entendre non plus leurs Serviteurs & Domestiques ; ils ne peuvent réguliérement faire entendre & administrer des êtres qui sont absolument dans leur dépendance, & qui par cela seul sont présumés n'agir que d'après leurs commandemens, & leurs impressions.

Les Loix Romaines sont précises à cet égard ; on peut con-sulter sur cette matiere la Loi pénultiéme, au Digeste *de Testibus*. Il en est encore plusieurs d'autres ; la Loi *Servus*, & celle au Code *de Quæstionibus*.

Cependant la plainte que le Comte de Morangiés a fait rendre par le Procureur du Roi sur sa dénonciation, n'a eu d'autre objet que de se faire entendre comme témoin, lui & ses Domestiques.

C'est donc une surprise qu'il a faite à cet Officier, & qu'il a voulu lui faire, car il n'a provoqué sa plainte qu'en lui déclarant qu'il n'entendoit point se rendre Partie civile ; & quand sur cette plainte il a fait décreter les Accusés, quand il est parvenu à se faire entendre comme témoin lui & ses Domestiques, quand il croit que la trame a été assez bien ourdie pour lui promettre quelques succès, il vient ensuite déclarer qu'il se rend Partie civile.

§. I I.

La voie de la plainte & de l'information n'est pas admissible contre des titres de la nature de ceux dont il s'agit ici.

Qui que ce soit ne peut se faire admettre à la preuve testi-moniale contre des billets qu'il a souscrits librement & volon-tairement. Il n'y a que le cas de la violence & de la crainte, *metus in constantem virum*, qui puisse motiver une plainte & une information contre des actes qu'on a signés.

Et quelle eſt la raiſon de ce principe ? C'eſt que hors le cas de la violence & de la crainte, le conſentement libre exiſte, & qu'il y a par conſéquent tout ce qu'il faut pour former e contrat.

Ici il n'y a point eu de violence pratiquée ; le Comte de Morangiés ne le prétend pas ; il a donc contraĉté librement ; & quand il a reconnu, par des Aĉtes écrits en entier de ſa main en pleine majorité, avoir reçu la ſomme de 300000 liv. il n'eſt pas recevable à prétendre qu'il ne l'ait pas reçue ; & il ne peut tenter une preuve teſtimoniale pour ſe faire admettre à prouver le contraire de ce qu'il a reconnu lui-même par des tittes émanées de lui.

L'Article 2 du Titre 20 de l'Ordonnance de 1667, eſt pré-cis ſur cette matiere : il ne permet pas d'admettre la preuve teſtimoniale contre & outre le contenu aux aĉtes par écrit.

L'Adverſaire argumente de l'Article 3 , qui porte : *N'entendons exclure la preuve par témoins , lorſqu'il y a un commencement de preuve par écrit.*

Il ajoute qu'il a un commencement de preuve par écrit con-tre le contenu aux billets, parce qu'il a, dit-il, nos déclara-tions, portant que la valeur n'en a pas été fournie.

Nous obſerverons d'abord, que tout ce qui réſulte de l'Ar-ticle cité, c'eſt que quand il y a un commencement de preuve par écrit, duquel on peut induire une convention, on peut demander à complerter la preuve, en faiſant entendre des té-moins. Par exemple, ſi nous n'avions du Comte de Moran-giés qu'une lettre qui fût un commencement de preuve par écrit du prêt qui lui a été fait, nous pourrions demander à prouver par témoins la vérité de ce prêt.

Mais il ne réſulte pas de l'Article cité, qu'avec un commen-cement de preuve par écrit, contre un engagement régulier par écrit, on puisse faire admettre la preuve testimoniale pour anéantir cet engagement.

2°. Comment le Comte de Morangiés peut-il présenter les déclarations arrachées à la dame Romain & à Dujonquay, comme des commencemens de preuve par écrit, contre ses propres actes ? Ne sont-ce pas au contraire de nouveaux délits, à raison desquels la dame Veron a rendu plainte ; délits déja prouvés, & de la preuve desquels il résulte que les signatures mises au bas de ces déclarations, sont le fruit de la violence & de la crainte ?

La procédure faite au Châtelet pour anéantir, par la preuve testimoniale, les billets en question, est donc encore nulle sous ce nouveau point de vue.

Supposons que M^r le Procureur Général autorisât une procédure pareille, quels inconvéniens énormes n'en résulteroit-il pas ? A quels dangers les fortunes des Citoyens ne seroient-elles pas exposées ? Quelle atteinte, sur-tout, ne porteroit-on pas à la sûreté des opérations du commerce ?

Tout Particulier qui ne voudroit pas payer sa dette, auroit désormais une voie sûre pour s'en dispenser.

Il en seroit donc quitte pour faire une dénonciation à l'Officier chargé des fonctions du Ministere Public dans son Siege. Dans cette dénonciation, il déclareroit qu'il n'entend point se rendre Partie civile, afin de se ménager la faculté de se faire entendre comme témoin, lui & ses domestiques : il ne manqueroit pas d'attester en déposition que la valeur ne lui a point été fournie ; il feroit dire par ses gens que le jour auquel le prêt est déclaré avoir été fait, ils n'ont pas quitté leur Maître, & n'ont point vu le Prêteur ; & quand cette procédure seroit faite, il viendroit dire qu'il entend se rendre Partie civile, & faire juger son créancier coupable sur sa propre déposition & sur celle de ses gens.

Si une marche auſſi irréguliere pouvoit être autoriſée , à combien de créanciers le Comte de Morangiés ne ſeroit-il point à portée de faire le procès ? Combien d'autres pourroient imiter ſon exemple ? Et quel ſeroit l'homme aſſez hardi déformais pour mettre ſes fonds hors de ſes mains , même d'après le titre le plus authentique ? Voilà , les dangers qui doivent occuper M^r le Procureur Général en ce moment ; c'eſt à lui qu'il appartient ſur-tout de veiller au maintien des regles , à la ſûreté des engagemens , & de faire anéantir une maniere de procéder qui leur porteroit d'auſſi funeſtes atteintes.

§. I I I.

La Plainte rendue par le Procureur du Roi , à l'inſtigation du Comte de Morangiés , eſt une Plainte nulle & ré-criminatoire.

Partons d'abord d'un point de fait conſtant ; la Plainte de la dame Veron contre le Comte de Morangiés en eſcroquerie de 300000 livres en or , eſt du 28 Septembre dernier ; & ſur cette Plainte elle a obtenu permiſſion d'informer le 30 du même mois : elle a fait informer en conſéquence.

Le 3 Octobre ſuivant elle a rendue une nouvelle Plainte , relativement aux manœuvres exercées par le Comte de Morangiés , pour arracher de la dame Romain & de ſon fils les déclarations du 30 Septembre. La déclaration du Comte de Morangiés contenant dénonciation eſt du 4 , & ce n'eſt que le 8 que le Procureur du Roi a rendu Plainte à ſon inſtiga-tion.

Cette Plainte peut-elle être enviſagée comme récriminatoire ? Il faut commencer par conſulter les principes.

La récrimination eſt une action intentée poſtérieurement

& après coup par l'Accusé contre son Accusateur. Et comme il ne doit pas y avoir deux poursuivans dans une même affaire, quand il y a des Plaintes respectives, il faut juger qui demeurera accusateur & accusé.

Aux termes des Loix Romaines, de ces Loix sages, que nous consultons toujours avec succès dans le silence des nôtres, l'Accusé ne peut se rendre Accusateur, que quand il s'est purgé du délit qui lui est imputé par son Accusateur.

Si quis reus factus est purgare se debet, nec antè potest accusare quam fuerit excusatus.

C'est la Loi 5, au Digeste *de publicis judiciis.*

Cette regle cependant, suivant les Loix Romaines, & suivant nos usages, souffre une exception ; & cette exception est le cas où l'Accusé accuseroit lui-même son Accusateur d'un crime plus grave ; s'il l'accuse d'un crime qui soit le même, ou qui soit moindre, la récrimination ne sçauroit être admise.

In majori crimine non in pari aut minori, dit la Loi 19, au Code *de his qui accusare non possunt.*

Ainsi, quand l'accusation est légere, & que la récrimination est grave, c'est à la récrimination qu'on donne la préférence pour la poursuite.

C'est ainsi qu'il a été jugé, entr'autres, par Arrêt du 8 Février 1597.

Quand la récrimination est au contraire relative à l'objet même de l'accusation, elle ne peut avoir lieu, & c'est au premier Plaignant que doit demeurer la poursuite.

Par exemple, deux Associés ont une caisse en commun, les fonds de cette caisse se trouvent enlevés, l'un d'eux accuse l'autre d'avoir enlevé ces fonds, l'Accusé accuse ensuite son Accusateur du même fait ; c'est au premier Accusateur que la poursuite appartient.

Nous fommes ici dans une efpece à peu-près femblable.

La dame Veron a accufé le Comte de Morangiés d'avoir féduit fon petit-fils , pour fe faire prêter 300000 livres , & d'avoir eu la mauvaife foi de nier le prêt , malgré les billets qu'il en avoit remis.

Et le Comte de Morangiés accufe par fa dénonciation la dame Veron , fa fille & fon fils , de lui avoir efcroqué fes billets , dont il foutient n'avoir pas reçu la valeur.

Le crime eft également grave de part & d'autre , & l'une & l'autre accufations font relatives au même objet ; elles fe réfèrent à la queftion de fçavoir fi le prêt a été fait ou non.

C'eft donc à la premiere accufation qu'eft due la pourfuite.

Ici deux objections peuvent être faites.

1°. Dira-t-on peut-être , l'on ne peut oppofer au Miniftere public le moyen de récrimination.

2°. Ce n'eft pas la date de la plainte qui décide pour la pourfuite , mais la date du décret.

OBJECTION. Peut-on oppofer au Miniftere public le moyen de récrimination ? Non, quand l'Officier chargé du Miniftere public agit par lui-même , parce que n'étant point accufé par le premier accufateur , il n'a aucun intérêt de lui récriminer.

Mais fi cet Officier n'agit que fur la foi d'une dénonciation qui lui eft faite par l'accufé , & que cette dénonciation n'ait d'autre objet qu'une véritable récrimination , alors le moyen de récrimination fera oppofé contre la dénonciation qui eft la bafe de la plainte , & contre la plainte qui n'en eft que la conféquence.

S'il en étoit autrement , il n'y auroit point d'accufation, telle importante, telle grave, telle bien juftifiée qu'elle pût

être ,

être, dont un accusé adroit ne vînt à bout d'empêcher l'effet en faisant une dénonciation récriminatoire, & en faisant rendre plainte par un des Subſtituts de M. le Procureur Général ſur cette dénonciation.

Ce n'eſt pas l'antériorité de la plainte, dit-on, mais le decret qui décide ; celui-là doit avoir la pourſuite dont la plainte eſt décretée la premiere.

Cette objection n'eſt appuyée d'aucune Loi, d'aucune autorité.

Si la date d'un decret décerné par un premier Juge, ſaiſi de deux plaintes reſpectives, décidoit de la pourſuite, le premier Juge ſeroit inconteſtablement le maître de la donner à qui il jugeroit à propos, en décrétant celle des plaintes que bon lui ſembleroit.

Il eſt aiſé de ſentir qu'un droit auſſi important que celui d'une pareille pourſuite ne ſçauroit être abandonné à l'opinion arbitraire d'un premier Juge.

Ce droit ne peut être régi que par des régles fixes, & ces régles nous les avons établies, nous les avons priſes chez les Romains, elles ont été adoptées dans nos mœurs.

Au ſurplus, ſi les plaintes de la dame Veron n'ont point été décrétées, ce n'eſt certainement pas ſa faute ; qu'on ſe rappelle l'abandon total dans lequel elle s'eſt trouvée, ainſi que toute ſa famille, pendant longtems ; qu'on ſe rappelle que d'après les déclarations arrachées à la dame Romain & à ſon fils, la dame Veron & ſa famille ont gémi ſous le joug de la prévention la plus accablante, que les Officiers du Châtelet les ont cru coupables, & que loin de vouloir donner aucune ſuite aux accuſations de la dame Veron, ils ont joint toutes ſes requêtes à l'inſtruction encommencée ſur la dénonciation du Comte de Morangiés.

P

L'accusation relative à cette dénonciation est donc véritablement nulle & récriminatoire.

§. I V.

Cette accusation ne présente que des faits justificatifs de la part du Comte de Morangiés , & qui ne pouvoient être admis que lors de la visite du Procès intenté par la dame Veron.

Rien de plus évident & de plus décisif que cette vérité.

Que disoit, en effet, la dame Veron au Comte de Morangiés par sa plainte du 28 Septembre ? Elle lui disoit : Je vous accuse d'avoir séduit mon fils, pour vous faire prêter sur vos billets une somme de 300000 livres qui m'appartenoit : je vous accuse de vouloir envahir injustement toute ma fortune , puisqu'à la séduction que vous avez employée , vous joignez la dénégation de ce prêt.

Que disoit au contraire le Comte de Morangiés dans sa dénonciation du 4 Octobre ? Pour se justifier, il disoit, en termes équivalens à ceux-ci , mal-à-propos m'accuse-t-on ; le prêt de 300000 livres ne m'a point été fait ; je n'ai reçu du sieur Dujonquay qu'une somme de 1200 livres ; c'est lui qui , d'après un complot fait avec sa grand'mere & sa mere , m'a escroqué mes billets , dont les fonds devoient m'être fournis par une Compagnie pécunieuse.

Voilà donc le fait justificatif bien caractérisé. Voyons maintenant l'article premier du titre 28 de l'Ordonnance de 1670.

» Défendons à tous Juges , même à nos Cours , d'ordon-
» ner la preuve d'aucuns faits justificatifs , ni d'entendre
» aucuns témoins pour y parvenir qu'après la visite du Procès».

Le premier Juge est donc contrevenu à cette disposition

de la Loi, lorſqu'après avoir permis d'informer par ſon Ordonnance du 30 Septembre, ſur la plainte de la dame Veron,
il a permis d'informer le 8 du mois d'Octobre ſuivant, pour
avoir la preuve de ces faits juſtificatifs.

Ce moyen ſeul ſeroit ſuffiſant pour faire anéantir toute la
procédure, & nous avons peine à concevoir comment le
Comte de Morangiés, dans l'impoſſibilité d'y répondre, a
pu s'aviſer de nous l'oppoſer lui-même ; comme ſi la plainte
de la dame Veron, antérieure à celle que le Comte de Morangiés a fait rendre par le Procureur du Roi, pouvoit être
la juſtification de la dame Veron & de ſa famille ſur une accuſation qui n'exiſtoit point encore ; comme s'il étoit d'uſage
de ſe juſtifier avant que de ſçavoir ſi l'on ſera attaqué.

Il faut donc déclarer nulle toute la procédure faite au Châtelet de Paris contre la dame Romain & ſon fils, ſur la dénonciation du Comte de Morangiés.

Ceci poſé, il ne ſubſiſte plus d'accuſation contre eux, mais
il en exiſte trois contre le Comte de Morangiés, intentées
par la dame Veron dans ſes plaintes des 28 Septembre, 3
Octobre & 21 Février dernier ; ce ſont ces accuſations que
la dame Romain & ſon fils, comme repréſentans la dame
Veron, reprennent aujourd'hui ; c'eſt donc à leur requête &
avec la jonction du miniſtere public, que le Procès doit être
fait & parfait au Comte de Morangiés juſqu'à Jugement
définitif.

L'inſtruction ſur ces plaintes ne peut pas être renvoyée
devant les Officiers dont eſt émanée cette procédure, qui doit
être déclarée nulle ; cela n'eſt ni d'uſage ni de regle, la Cour
doit néceſſairement la renvoyer devant d'autres Juges, ſi mieux
elle n'aime la faire elle-même, & c'eſt-là le plus ardent de
nos deſirs.

Dans cet état, nous nous flattons d'avoir folidement établi les deux parties de notre défenfe ; le prêt eft certain, nous pourrions conclure, dès-à-préfent, à la reftitution des 300000 livres ; & le Comte de Morangiés ne feroit point furpris de voir prononcer contre lui cette condamnation, puifqu'il a fait adroitement plaider que *beaucoup d'honnêtes gens étoient d'avis qu'il pouvoit perdre fon Procès par la forme.*

Mais nous avons peine à croire que la Cour fe fût déterminée, dans une affaire auffi grave, à évoquer le principal, fi nous y avions conclu ; il a donc fallu difcuter la queftion de fçavoir à la requête de qui l'inftruction feroit faite, & nous venons d'établir que ce devoit être à la requête de la dame Romain & de fon fils, comme repréfentans la dame Veron.

Nous ne nous fommes point attachés à répondre, pendant tout le cours de cette difcuffion, à une multitude de petits faits faux répandus dans la plaidoierie imprimée de l'Adverfaire, & qui ont été détruits à l'Audience les preuves à la main.

Nous avons cru, dans une affaire déja fi chargée par elle-même, devoir nous en tenir aux feuls objets capables de frapper les Magiftrats.

Nous obferverons en finiffant, qu'on a mal-à-propos, dans cette affaire, de la part du Comte de Morangiés, appuyé fur la différence des conditions, en abufant de l'article 2 du titre 10 de l'Ordonnance de 1670, qui n'eft relatif qu'aux décrets, en préfentant le Comte de Morangiés comme un homme de qualité, qui méritoit toute la confiance de la Juftice ; & les enfans de la dame Veron comme des êtres vils, aux affertions defquels on ne doit point ajouter foi.

Nous fommes loin de refufer à la Nobleffe antique les égards qui leur font dus.

Dans une Monarchie, la source de la Noblesse est le Prince, il se plaît à répandre quelques rayons de sa gloire sur des Sujets utiles qu'il récompense par des distinctions honorables; les plus brillantes, sans doute, sont celles qui sont dues à l'heroïsme militaire; ainsi les grands noms s'établissent, la gloire d'un grand homme circule avec son sang, & passe d'âge en âge à sa postérité; tous les ordres des Citoyens la respectent; ils regardent les descendans des Heros comme leurs défenseurs nés de la Nation.

Mais toutes ces prérogatives s'évanouissent dans les Tribunaux; la justice que le Souverain doit à ses Sujets, & qu'il leur administre par ses Magistrats, est l'image de celle que la Divinité doit à tous les humains. Il n'y a dans la balance de l'une & l'autre Justices de noblesse que celle de la vertu, & de bassesse que celle du crime.

C'est dans ce moment, sur-tout, que la Cour Souveraine est dans le cas de se complaire elle-même, en montrant à la Nation attentive, que dans cette balance qu'elle tient d'une main ferme, le crédit d'un homme qualifié se trouve nul vis-à-vis de Citoyens obscurs, mais innocens. *Signé*, ROMAIN & LIEGARD DUJONQUAY.

Monsieur DE VERGÈS, Avocat Général.

Me VERMEIL, Avocat.

Me PICART, Avocat Titulaire.

A PARIS, chez P. G. SIMON, Imprimeur du Parlement, *rue Mignon Saint-André-des-Arts.* 1772.

www.ingramcontent.com/pod-product-compliance
Lightning Source LLC
LaVergne TN
LVHW021902170726
843503LV00003B/1364